自分を知るための社会学入門

岩本茂樹

中央公論新社

はじめに

人間は欲張りなのでしょうか。

目の前に広がる現実世界が、しっくりした形で捉えきることができないと不満を言い、自分をとり巻く人々や社会が理解できないと嘆きます。

とはいえ、目の前の現象を眺める時も、またそれに対応しなければならない時も、私たちはこれまでに身につけてきた知識や情報に頼らざるを得ません。

唐突の感は否めないのですが、ワインの話をさせていただきます。

もとより私はワインが分かりません。

もしもワインを飲むとなれば、普通は飲み易い白を注文します。ただし、肉料理となるとそれはもう決まったかのように赤を注文します。というのも、「魚料理は白」「肉料理は赤」などという薄っぺらい知識・情報を支えに分けているからです。

ところが、ワインのラベルを見ますと「フルボディ」「ライトボディ」、さらには「ミディアムボディ」と表示されたものまであります。「どうちがうの?」と考え、「ライトは軽い」「フルは重い」などと直訳をして単純に分かった気分になっていました。それでも、それは頭だけの理解でしかなく、舌なり身体で理解したわけではありません。そこで、先日、イタリアンのお店に行った折、私の浅はかな理解を提示しながらソムリエに勇気を出して聞いてみたのです。

するとソムリエは、「肉料理にも対応できるほどしっかりと受け止められる白ワインもあるのです。しかし、やはり『まずは肉料理は赤?』となるのでしょうが……、ところが、赤でもライトでは心もとないと一般的には感じるものなのです」と言って、ミディアムをグラスに注いでくれました。

飲むと、口の中でさっと流れていく感覚から、渋みを感じました。ソムリエは「どうです?最初にワインの味が口の中に入り、その後、深みが漂いませんか?」と語りかけました。言われるように意識して、もう一度ワインを口にすると、ソムリエが述べた〝深み〟という感覚が舌に伝わってきたのです。今まで、何気なくワインを飲んでいた私にとって、これまでと違ったワインとなった瞬間でした。ソムリエの知が、漠然とした私のワインに対する味覚を形あるものとして捉えさせてくれたわけです。

つまり、単なる〝渋み〟が〝深み〟という表現に置き換えられて、いわゆるワインがもつ味の自己主張を受け止めることができたのです。

これまで、白、赤、ロゼという三つの分類でワインを眺めていた私を、また別の物差しで分類することができるように導いてくれたソムリエは、「このワインだと、肉料理を受け止めることができるのです」と述べました。そして、感動する私に、微笑みを返しながら厨房へと去って行ったのです。

もちろんまったくの素人の話なので、ワイン通の方には「何を言っているの？　そんなの初歩中の初歩。まだまだ……」と叱られそうですが、これが私とワインとの新たな出会いだったのです。

見えないものを見せてくれる。知とふれあう喜びはそこにあると思うのです。

私たちは、目の前の現象をこれまでに身につけてきた思考枠組みでもって眺め、そしてそれに対応するものです。となれば、人と人との関係、人と社会の関係を捉えようとする社会学の知を学ぶことは、幅のある、そして奥行きのある思考枠組みで現実を捉えることにつながるのではないでしょうか。

一度しかない人生です。できれば、与えられた生を深く意味あるものとして味わいたいと願う人間の姿は、欲張りでなく当然だと私は思います。社会学がそのことに寄与する学問であると自負する私としては、少しでもみなさんに社会学を知っていただきたいのです。その願いを込めて、社会学に魅了された私の感動をお伝えすることができればうれしい限りです。

〈注〉本書において、エピソードとして登場する人物はすべて仮名です。

■自分を知るための社会学入門　目次

装幀／仲光寛城

自分を知るための社会学入門

第1章

社会学の扉を開こう

――メタ・メッセージ

大学に入学して、最初に衝撃を受けたのは言葉の問題でした。

みなさんも、大学入学後すぐに親しくなった友人の発する言葉が、これまで耳にしたこともなく、なんとも意味不明で、戸惑った経験はありませんでしたか。

というのも、小、中、高では、転校でもしないかぎり、ほとんどが自分の生活圏、つまり地元の学校に通っています。それが、大学に進学すると、さまざまな出身地からキャンパスに集うことになり、これまで耳にしなかった言葉や、異なるイントネーションが飛び交うことになるわけです。

学生さんから聞いた話なのですが、入学後に催されたサークルの歓迎会で飲み物をコップに注がれた人が、こう言ったそうです。

「ほんね、つるつるいっぱい入れたら、こぼれてまうげの」

「まうげの」という友人の話し方にも引っかかりを持ったけれど、「つるつるいっぱい」という言葉を聞いて、彼は耳を疑ったというのです。自分がうまく聞き取れなかったのではないかという思いから、もう一度聞き返したそうです。

すると、間違いなく友人はそのように述べていたのです。

結局、その友だちの出身地は福井県で、「つるつるいっぱい」とは、「あふれるほど一杯」を意味する福井の方言だったのです。ということで、全文を標準語に言い換えますと「そんなに、あふれるほど一杯入れると、こぼれてしまう」ということだったのです。

とはいえ、このエピソードを紹介してくれた学生さんも、三重県の中学校に転校したときに方言が理解できず失態を演じたというのです。

転校した初日、掃除のチャイムが鳴って先生が「はい。みんな、机、つってぇー」と声をかけたそうです。そこで、彼は三重の掃除では机を床につけないで、持ち上げて運ぶのだと解釈し、机を持ち上げたのです。ところが、それを見た周りの者から笑われてしまったというのです。というのも、「つってぇ」とは「(モノを)つる」、すなわち「持ち上げる」という意味ではなく、三重県ではただ「運ぶ」ということだったというわけです。

では、みなさんが、突然、友人から「早《は》よしね」と言われたらどうでしょう。

これはもう、通常では単なる驚きですまされるような問題ではありません。

ところが、岡山では「しね」とは「死ね」ではなく「しなさい」ということで、「早《は》よしね」とは「早《はや》くしなさい」という意味なんだそうです。

〈注〉「しなさい」を意味する「しね」は、福井県でも使用される。

ところで最も有名な岡山弁となると「でーこーてーてーてー」だそうです。私たちにはまったくもって意味不明ですが、「大根、炊いといてぇー」と言っているのだそうです。

このように、方言との出会いは、これまで同じ日本に住み、かつ同じ日本語を話しているのだから日本人同士の会話は通じ合うものという漠然とした信念、つまり「当たり前」を、強く揺り動かすのです。

そこで、方言との出会いを契機として、社会学という学問の扉を開けることにしましょう。

1　言葉が通じない

方言との出会いは、お国言葉という地方の存在を教えてくれると同時に、これまで当たり前のように使ってきた自分の言葉が通用しないという自己の地域性を自覚させられる契機となります。

私が、関西学院大学の社会学部に入学したのは１９７２（昭和47）年のことでした。

高校のように拘束されることなく自由な浪人生活を送ってきた私は、科目や担当教員を自分で選択することができる大学には、これまで以上に自由で楽しい生活が待ち受けているものと思っていました。

ところが、履修届けを出す段になって驚きました。曜日によっては、1限目や最終の5限に、選択できない必修科目が設定されているのです。加えて、1年生で結構な単位数を取得しなければならないことが分かったのです。

それで、思わず私は、入学して友達になった学生仲間の前で口にしました。

「おとろしい！」

彼らは、ぎょっと上半身を引き、おどおどした顔で私を見ました。

「どうしたん？　なんか恐《おそ》ろしいことあったん？」

この問いこそ、私は驚きました。そして、もう一度言ったのです。

「いいや。おとろしいやんか。授業、ようけ（たくさん）、取らんなん」

なお、彼らは不可思議な顔をしながら、言ったのです。

「『おとろしい』って何？　『恐ろしい』ということと違うの？」

要するに、友人たちは、「おとろしい」という私の言葉に反応して、何か恐ろしいことがあると解釈し、身構えたわけです。

しかし、私の住まいは奈良です。そして、大学は兵庫県とはいえ大阪に近い西宮市にあるわけで、同じ関西圏です。加えて、地方出身の学生ならともかく、友人たちは大阪と神戸に住む同じ関西人なわけです。言葉が通じないことなど、まったく思いもしていなかったのです。

「『面倒《めんどう》』という意味や」

「お前、どこから来てるんや？」

なぜおなじ日本人同士なのに通訳めいたことが必要なのか、と憮然《ぶぜん》としながら答えました。

「奈良や」

「えっ、奈良か。奈良では、そんな言葉使うのか？」

友人はなお畳み掛けるように真顔で、こう問いかけてきたのです。

「奈良やったら、鹿、飼ってるんか？」

奈良公園か、吉野の山中ならいざ知らず、奈良といえども町のなかに鹿がいるわけがない。まして、個人で飼う人などいません。

この時、私ははじめて奈良が関西のなかで「いなか」と認知されていることを知りました。

2 電話番号って単なる番号？

ほとんどの大学では、1年時に1クラス20名ほどからなる「基礎演習（ゼミ）」があります。それは高校までの学級のようなもので、この「基礎演習」と「語学」のクラス分けによる級友が、その後の大学生活に大きな関わりを持つわけです。

さて、クラスのメンバーの連絡網を作るということで、中心となった女子学生から私の電話番号を聞かれました。当時は、みなさんのようにパーソナルな電話という携帯がない時代ですから、当然自宅の電話番号を伝えることになるわけです。

私は「０７４４３の……」そう言いかけた時に、彼女は「ちょっと、待って」と聞き返したのです。不可解に感じたのですが、もう一度「０７４４３の２の」と続けました。しかし、市内局番の2を告げたところで、またも彼女は「ちょっと、待って」と聞き返したのです。

どうして、私の電話番号をメモするのに、彼女がスムーズにメモできずノッキングしたのでしょうか。

それは、こういうことだったのです。

彼女は大阪の出身で、大阪だと市外局番は「０６」の2桁です。ちなみに、神戸は「０７８」、京都は「０７５」の3桁です。ということで、電話の市外局番というものを3桁程度と予想していた彼女としては、市内局番の前に入れるハイフンを2桁ないし3桁を聞いたところで準備をしているのにもかかわらず、私が長々と市外局番を続けて言うものだから対応できなかったのです。

さらに、市内局番でのノッキングは、大阪の市内局番は4桁で、奈良とはいえ少なくとも2桁ぐらいはあるという彼女の予想を裏切ってしまったのです。私の市内局番は1桁しかなく、その早さに彼女はハイフンの準備ができていなかったというわけです。

しかし、彼女のノッキング対応の不自然さを感じつつも、上記の意味が理解できたのは、出来上がった連絡網を配付されてからのことでした。

私は驚きました。地方出身者もいるわけですが、彼らは下宿しているものですから、当然大阪や神戸などの電話番号が提示されているのです。ということで、市外局番が5桁もある学生は誰もいなかったのです。

彼女の不自然な対応の意味は理解できましたものの、単なる局番の「長／短」という問題で済まされない、それ以上の意味する問題があると感じたのです。

それは、市外局番の桁数の多さが「田舎《イナカ》」を意味し、市内局番の少なさがこれまた「田舎」を意味しているのではないかということでした。言い換えますと、逆表示は「都会《トカイ》」を意味することになるのではないかというわけです。

もちろん、ＮＴＴはそのような意味付与など考えていません。おそらく大都市から順に市外局番を付け、都市で使用される件数の多さに準じて市内局番を増やしたのでしょう。しかし、電話番号の表示に別のメッセージを読み取ってしまった私は、ＮＴＴを恨みました。

そして、当時の私は「田舎者」と思われるのを怖れるあまり、方言が出てはいけないと無口になりました。電話番号を聞かれると、何としても「田舎」を隠したいがために、「０７４の４３２の……」とハイフンを意味する「の」を、「都会」表示を意味する桁に勝手に入れ替え、伝えたのです。

そもそも電話機には、ハイフンをプッシュする必要などありません。知恵を働かせての必死の抵抗を試みていたわけです。

3　意識の背後にある社会

「私がつきあっている彼女は、博多出身です。サークルに入ってすぐに彼女を好きになり、思い切って彼女に告白したら、彼女も『私も、〇〇のこと、好《す》いとう』と言われました。私はその時、舞い上がりました！　彼女の博多弁の『好いとう』は、私の心を完全にとろけさせたのです。だから、方言大好きです」

これは、昨年の授業で学生さんに書いてもらった「方言について」のコメントの一例です。私が大学時代に抱いていた方言に対する感覚とは大きく異なり、方言への評価は高くなっているのです。つまり、都会に対して地方という視線が時代のなかで変化したことを表しています。

方言に対する人々のまなざしの変化を見るうえで、２０１０年ＮＨＫで放映された大河ドラマ『龍馬伝』はその象徴とも言えるのではないでしょうか。

『龍馬伝』は、日本で非常に人気のある歴史上の人物坂本龍馬を採り上げたことだけではなく、人気俳優でミュージシャンでもある福山雅治が龍馬を演じたという相乗効果もあって、高視聴率となりました。

「どこかに、おまんの生きる場所があるき！」

「簡単に命を捨てるがは、もったいないぜよ」

みなさんも、福山が発する土佐弁のセリフに、男らしさや格好良さを感じたのではないでしょうか。

博多弁で語る彼女に、よりいっそう心を奪われた学生さんの意見は、まさに方言が魅力的なものとして受けとめられるようになったことを示しています。

そこで、「方言」を研究している田中ゆかりは、現代は状況にあわせて方言をうまく取り込むようにして自己を装うようになったとして、「方言コスプレ」の時代になったと述べています。

ではどうして、1970年代において、私は「田舎」出身をひたすら隠そうとしていたのでしょうか。

日本万国博覧会が大阪で開催されたのは1970年で、6400万人を超える入場者数がありました。

なかでも、人気が殺到したのはアメリカ館で、人類がはじめての月面着陸をしたアポロ8号の司令船や「月の石」が展示されていました。

現在のJR、いわゆる国鉄（日本国有鉄道）を利用して、日本全国津々浦々から、大阪へと、日本中が万博で沸き返ったのです。

これまで国内を旅する経験をしていなかった人々が、万博を契機にして鉄道に乗って旅する経験をしたわけです。そこで、国鉄は、万博後も利用客の確保・増大に向けて積極的な手を打ち出します。それが、「ディスカバー・ジャパン――美しい日本と私」という大々的なキャッチフレーズを掲げた展開だったのです。

国鉄のキャッチフレーズに呼応するかたちで誕生した雑誌が、『an・an《アン アン》』（1970年創刊）と『non・no《ノン ノ》』（1971年創刊）でした。若い女性をターゲットとしたこれらの雑誌には、都市化されていく日本のなかにあって伝統的な風景を残す地が紹介されていました。

『an・an』『non・no』を片手に持って、紹介された地へと向かう若い女性たちは、山々に挟まれた小さな盆地にある城下町「津和野」へ、そして中山道の宿場町「馬籠《まごめ》・妻籠《つまご》」の木曽路へと旅したのです。彼女たちは、アンノン族と呼ばれるほどの社会現象となっていました。

特に、アンノン族の中心であったのが、女子大生たちでした。ということもあって、私が大学２年時に、同じゼミ生の女性から夏休み明けにもらったお土産は、「愛国から幸福ゆき」と書かれた国鉄の切符でした。

北海道の広尾線に「愛国」と「幸福」という駅があり、いわゆるアンノン族たちは愛国で下車して、自分のお守りのために、また友人たちへのお土産として、何枚もこの切符を買って帰ったというわけです。

現在の切符は乗車駅名と行き先までの料金表示という魅力のないものとなりましたが、当時はしっかり乗車駅名と降車駅名が表示されていたわけで、切符にも趣があったのです。

では、歴史と文化の薫る地方へと旅する若者たちに人気があった時代に、どうして私は奈良県出身ということに引け目を感じていたのでしょう。

戦後日本は、焼け野原の敗戦から急激な発展をしました。とはいえ、都市と地方では発展のスピードが違っていました。１９７０年代の日本にあって、地方には、なお日本の古い風景が残っていたわけです。

言い換えますと、その日本の原風景なるものを、過去のものとして生活する都会人や若者にとっては、まさにディスカバーできるのが地方だったのです。

しかし、都市に住む人にとってディスカバーできる地方ということは、逆に地方にとっては都会に住む人々から、「見られる存在」になってしまったということです。アメリカ館へ殺到する人々に象徴されるように、進歩を「善」とみる価値観のあった時代において、地方に住む者は進歩に取り残された存在として、引け目を感じていたということではないでしょうか。

このように、個人を取り囲む時代や社会に目を向けて考えてみますと、個人的意識というものが単に個人という閉じられた世界から生じるものではないことが浮き彫りにされるわけです。つまり、自己が基盤とする社会の影響を受けて、個人的な意識なり感情なりが形成されるということです。

「人間と人間」「人間と社会」。この関係を暴き、理解していく学問。それが、社会学なのです。

4　メッセージの背中に乗るメッセージ

方言と電話番号をめぐるこれまでの議論は、「田舎／都会」という枠組みで展開したものでした。ここで、少し視点を変えて考えてみることにしましょう。

振り返って電話番号に目を転じてみますと、例えば市外局番「03」は東京、そして「06」は大阪を表すわけです。このように、市外局番は特定の地域を示すメッセージでしかなかったわけです。それを、私は市外局番の意味する表示が、「田舎／都会」という別なるメッセージとして受け取ったわけです。

ということから、私たちは通常、何気なく人とコミュニケーションしていますが、メッセージを直線的に発信し、また受け取るという単純なコミュニケーションを行っているだけではないのではないか、という問題が立ち上がってきます。

私的なことですが、2階にある居間で妻とテレビを見ていますと、妻は私に決まってこう言うのです。

「お父さん、コーヒー飲みたいね」

家内が発したメッセージを直線的に読み取ると、単に「コーヒーが飲みたくなったわ」ということでしかありません。

しかし、私が「そうやな」と返すだけでこのコミュニケーションを閉じてしまうと、二人の関係にヒビがはいります。要するに、家内の発言の意味はこうです。

「お父さん、私は今、コーヒーが飲みたくなったので、あなたは下の台所に行って、コーヒーを淹《い》れて、2階にいる私のもとに持って来てちょうだい」

「お父さん、コーヒー飲みたいね」には、これだけのメッセージが込められているのです。だから私は、すぐに立ち上がり、妻の望む行動をとらなければなりません。そのことが、夫婦関係をうまく進めていくことなのです。

みなさんも、このような経験はありませんか。

恋人から、「今度の日曜日どうしている?」と聞かれて、単に「べつに、なにも」とか「買い物に行く」という答えでは、だめでしょう。「どうしている?」は、「予定があるのか、ないのか」という単なる問いかけではなく、そのメッセージには「デートしない?」という誘いが込められているのです。

このように、メッセージには、元となるメッセージだけではなく、元となるメッセージに込めた、つまり元のメッセージを説明するメッセージがあるということです。このようなメッセージを、メッセージに乗っかった「上位の」という意味の「メタ」を付与して、「メタ・メッセージ」と呼びます。

「メタ・メッセージ」を提示したのは、グレゴリー・ベイトソンというアメリカ合衆国の人類学、ならびに精神医学の研究者です。

ベイトソンが「メタ・メッセージ」なるものを提唱するきっかけとなったのは、1952年1月にサンフランシスコのフラッシュハッカー動物園でサルを観察していたときのことでした。

それは誰もが見なれた光景というもので、子ザルが2匹じゃれて遊んでいたのです。とはいえ、じゃれあって遊ぶ2匹の間で交わされる個々の行為やシグナルは、咬《か》みつくといった闘いの中で交わされるものとまったく変わりのないものでしかなかったのです。

つまり、子ザルたちが交わす相互作用というものは、闘いで交わされる行為と似て非なるものであったわけです。にもかかわらず、連続的にくり返される行為の全体では、「闘いではない」

ということが観察するベイトソンにも伝わったのです。

言うまでもなく、当のサルたちにしても「闘いではないもの」、すなわち「これは遊びだ」というメッセージを交換できたからこそ、互いにじゃれあい遊ぶことができたわけです。

ベイトソンに言わせると、「咬みつきっこ」は「咬みつき」を表すのだけれど、本来の「咬みつき」はしないというメッセージの上に乗っかったメッセージ、すなわちメタ・メッセージがあって、それを読み取るコミュニケーションをしているからこそ「咬みつきごっこ」として成立しているということなのです。なお、このコミュニケーションをベイトソンはメタ・コミュニケーションと呼んでいます。

この「メタ・メッセージ」という概念によって、私が電話番号の市外局番や市内局番の長さから、「都会／田舎」という別なるメッセージとして受け取ったことが説明され、そして理解することができます。

また、「メタ・メッセージ」なる概念でもって、自分がこれまで経験してきたことを振り返ってみると、ぼんやりとしたかたちで刻まれていた記憶が明確に説明されるのではないでしょうか。

さらに、今現在、未来において遭遇する問題を理解するうえで一つの道具を手に入れたことになるのではないでしょうか。

深めてみよう

1　ひところ流行った言葉に「KY」があります。この言葉は「空気を読めない」という意味を表す言葉ですが、メタ・メッセージと関連づけて考えてみましょう。

2　G・ベイトソンには、「ダブル・バインド論」という理論もあります。調べてみて、説明してみましょう。

参考文献

田中ゆかり『「方言コスプレ」の時代――ニセ関西弁から龍馬語まで』岩波書店、2011年

グレゴリー・ベイトソン（佐藤良明訳）『精神の生態学』新思索社、2000年（＝1972年）

吉見俊哉『博覧会の政治学――まなざしの近代』中公新書、1992年

第2章

「ファッションの流行」を社会学する

——行為の意味解釈をめぐって

どの時代にも、流行のファッションというものがあるものです。

私にとっては、レギンスの出現は衝撃でした。どう考えても、男性のインナーとしての「ズボン下（いわゆるバッチ）」を外にさらして街を歩く女性が理解できなかったからです。

そういえば、最近の若い男性が腰の低い位置までズボンを下げ、時には下着のパンツまで見せる〝腰パン〟もまた理解に苦しむファッションです。まるでダックスフントのように短い足に見せることが、なにゆえに格好良いのか、私のように還暦を過ぎた者にはまったくもって理解できないのです。

と言うのも、私のような年代者は、西洋人への憧れを抱いていたからでしょうか、はたまた銀幕のスター石原裕次郎の影響で、長い足に魅了されていたからかもしれませんが、とにかく「足は長い方が格好良い」という美意識があります。なので、どう考えても〝腰パン〟というものに美しさを感じることができないのです。

そのうえ、地面を掃くようにズボンの裾を引きずる姿に遭遇しますと、老婆心ながら「公衆トイレではどうしているのだろう」「汚れたままのズボンを穿いたまま家のなかでも過ごしているのだろうか」などと、おせっかいなことを考えてしまうのです。

とはいえ、そういう私も中学時には、ラッパの先のようにズボンの裾が広がった、通称「ラッパズボン」というものに魅せられて、校則違反の制服を着ていました。先生が制服の着崩しを許すはずはなく、全校生徒が集う朝礼の折には、担任の先生が生徒に制服の上着をめくり上げるよう指示し、点検していくのです。違反していた私は、朝礼台に上らされ、全生徒の前で見せしめのように学校で一番怖い生徒指導の先生にこっぴどく叱られたものです。

そう言えば、中学時代の女子生徒の間で流行っていたのが、〝ドーナツ靴下〟なるものです。彼女たちは白い靴下を穿いていたのですが、ゴムのはいった靴下の穿き口部分がふくらはぎの下部までくると、そこから丸め込んで、くるぶしまで下ろすのです。そうすると、くるぶしを巻くようにドーナツ状の輪ができます。この靴下の穿き方、いわゆる円盤状に突起した〝ドーナツ靴下〟なるものが女子生徒の間で一世を風靡《ふうび》しました。

彼女たちの言い分はこうです。

「足首が細く見える」

つまり、くるぶし部分にできた〝ドーナツ靴下〟は自分の足首より太く、それが目くらましになるというのでしょう。足首が細く引き締まったように見えるというものだったのです。

今から考えれば、彼女たちの言い分に首をかしげてしまうのですが、当時は納得していたのです。なぜなら、〝ドーナツ靴下〟にしている女子生徒たちは、男子に人気のある目立つ女の子たちだったからです。それゆえ、私にも〝ドーナツ靴下〟は格好良く見えたのです。

女子生徒は、「ルーズソックス」「黒のストッキング」と、新たな流行のファッションを、時代に刻んでいくものです。みなさんも、きっとそのような流行を追った経験があったのではないでしょうか。

さて、この章では、みなさんにとって非常に関心の高い日常の話題であるファッションの流行を起点としながら、個人の行為とその意味解釈が人々や社会にどのような影響を及ぼすのかといった点に焦点を当てて、考えてみることにしたいと思います。

このような問題を議論するうえで、人間の行為というものが社会に対してどのように貢献するのかという点に着目した社会学者ロバート・K・マートンに依拠して進めていきたいと思います。

1 流行とは

ところで、そもそも流行とはどのように捉えれば良いのでしょうか。

もしも、〝腰パン〟そのものに「格好良い」とする美的な意味があるならば、すべての人が受け入れることでしょう。ところが、ファッションは時代に刻まれるものであり、移ろいやすく普遍的なものにはならないのです。

フランスの『エル』などのモード雑誌を分析したロラン・バルトは、『モードの体系』を著し、服を語ることばがモード（流行）を生み出すと述べています。

バルトは、ファッション雑誌の資料から「えりをあけるかとじるかによって、スポーティにもドレッシィーにもなるカーディガン」と書かれた広告を採り上げ、次のような議論をします。

そもそも、《あいた》襟そのものにスポーティさがあるわけでなく、また《とじた》襟そのものにドレッシィーさがあるわけではありません。カーディガンの襟の「開／閉」そのものには、そもそも意味はないのです。《あいた》と《とじた》という対立関係を持ち出して、その語りが衣服に意味を滲《にじ》み込ませているというわけです。

裾広がりのズボンも時代とともに、「ラッパ」から、「ベルボトム」そして「パンタロン」と名を変え、そして消えていきました。そのようにモードが生み出されていく姿については、次のように述べます。

「モードは、きのうは「みごとにデザインされたライン」であったものを、平気で「折れ目と裂け目」呼ばわりする。モードは「今年のテーラード・スーツは、若々しく、しなやかなものになるでしょう」というのだが、してみると去年のスーツは「年寄りじみて、堅かった」のだろうか？」

（『モードの体系』）

さらに続けて、バルトは言います。

「モードの知識は無料ではないからなおさら、自分はモードの局外者だと考える連中にひとつの刑罰、《〔デモーデ〕流行はずれ》という不名誉な烙印をおす」

（前掲書）

ことばによって紡がれたイメージが人々の魅惑を招き、そしてことばは「自分のものにしたい」という気持ちを引き起こすことで、モードが展開されていくというわけです。

このように、モードにおいても、人間は意味を作り出し、意味からイメージが喚起され、社会現象を作り出すということです。

2 みんなしているから

制服といった校則という決められたなかで、校則に逆らってでも着崩す生徒の姿にスポットをあててみることにしましょう。

私がラッパズボンという校則違反の制服で学校に行くのを見て、母は「シゲキ、なんでそんなズボン穿くの！　それ、違反やろ」と怒ったものです。それに対して、私の答えは次のようなものでした。

「そんなん言うても、みんな穿いてるわ」

こう言うと、母親は間髪入れずに返すのです。

「えっ？　みんな穿いている？　それやったら、山田君はどうなんや。川口君も穿いてるのか？『学校の男の子みんな穿いている』って言うんか？」

もちろん、母親の意見に間違いはないのです。なぜなら、学校の男子生徒全員が、違反の「ラッパズボン」を穿いているわけはないのですから。まして、母が名指しした山田君や川口君は、ファッションというものに関心などまったくなく、真面目で学校では目立たない存在でしかありません。

私にすれば、「どうして、学校で人気のある加賀君のような人物を母親が挙げてくれないのか。それなら同じラッパズボンを穿いているのに」という思いがありました。まして、加賀君を含めた私の友だち仲間は「ラッパズボン」を穿いているのです。ですから、私にしてみれば、間違いなく「みんな」穿いていたのです。

では、母と私は互いに「みんな」と表現しながら、どこに違いがあって嚙み合わない会話となったのでしょうか。

母親の言う「みんな」とは、真面目な同学年の山田君や川口君を基準にしており、かつ「みんな」というのは私と同じ中学に通う男子生徒全員を対象としたものです。対して、私の言う「みんな」とは、私の友だち仲間であるグループを対象にした全員という意味の「みんな」なのです。ということから、「みんな」という言葉には間違いはないのですが、お互いが照準とした対象集団に違いがあるということです。

このような問題を解く鍵として、「**準拠集団**（reference group）」という概念があります。この概念は、社会学者のＲ・Ｋ・マートンが提示したものです。

私たちは何らかの集団に準拠しながら行為をしていると、マートンは言うのです。例えば、ヤンキーにはヤンキーのファッションがあります。また、暴走族の車では、車の高さを低くした「シャコタン」と呼ばれる改造がなされています。私にとって、そのような車はなんら魅力を感じないのですが、暴走族には、そのような車が「格好良い」と解釈されるのです。それゆえ、車高を低くすることに意味があるわけです。

そうすると、私の中学時の校則違反の身なりもこういうことになります。

「ラッパズボン」なり、〝ドーナツ靴下〟は、自分が準拠する集団が「格好良い」と判断して身につけているから、自分もそのようなズボンや靴下を身につけているということなのです。

マートンは、このように現実に自分の身の回りにいる集団に準拠する場合と併せて、自分とは距離がある世界にいる「憧れとしての集団」に準拠することがあるという点も提示します。

例えば、海上保安官を主人公とした漫画『海猿』は、多くの読者を獲得したことから、テレビ放映、さらに映画化（２００４年）までされました。そこで、漫画を読んだ人、あるいは映画を観た人が、命を懸けて海難救助する海上保安官に憧れ、その職をめざすとすれば、その人にとっては海上保安官が**準拠集団**ということなのです。つまり、準拠する海上保安官を将来の自分の姿として、めざしたということにほかなりません。

3 隠れた社会への貢献

マートンの議論は、私たちの日常生活を理解する上で、非常に示唆に富むものです。そこで、マートンに寄り添いながら、行為の意味解釈とその意味解釈による社会との関係について考えてみることにしましょう。

学校の代表的な行事に、文化祭や体育祭があります。また、学年行事としてクラス対抗の球技大会や合唱会もあったのではないでしょうか。これらのイベントは、紅白、あるいはクラスに分かれて互いに1位を競うものです。そのために、日頃それほど仲が良いとは思えないクラスも他のクラスへの対抗意識がメラメラと沸き上がり、体育祭でここが勝負の分かれ目となる最終種目のリレーともなれば、走者がたとえ好きではない人物でもクラス全員で声援を送ったりするものです。

このような学校行事の姿をマートンに依拠して、考えてみることにしましょう。

マートンが採り上げたのは、アメリカ先住民のホピ族による「雨乞いの儀式」です。ホピ族の地では、長く雨が降らず作物にも狩りにも悪影響が生じると、それは神のお怒りによるものだということで、部族全体で、「雨乞いの儀式」が執り行われます。

もちろん、私たちのように科学的な教育を受けた者には、そのような儀式でもって雨など降るものではなく、未開民族の迷信的な慣行と片づけてしまうものです。しかし、彼らにとっては、この儀式による部族の願いが神に届き、聞き入れてもらえたら雨が降ると思っているのです。

儀式は、雨が降るまで何度でも行われるわけです。おそらく、叶わなければ「みんなの心が一つになっていない」とか「神への思いが足りない」などと、成就しない理由を挙げながら続けていくのでしょう。

そして、雨が降ったとなれば、「雨乞いの儀式」が部族社会の願いを叶えたのだということになるのです。この明確な欲求に基づく行為によって、集団社会に貢献をもたらす目に見える働きを、マートンは「**顕在機能**（manifest function）」と名づけたのです。

ところが、「雨乞いの儀式」は、この**顕在機能**とは別の役割をしているとマートンは言うのです。それは、部族のメンバーがそろって「雨乞いの儀式」に参加し、お祈りすること、それは部族の成員が心を一つにすることであり、ホピ族の連帯感が強まったというものです。

もちろん、もとより儀式に参加した部族たちも「連帯感を強固なものにしよう」などという意識はありません。ただ、「雨よ、降れ」という願いしかなかったわけです。そこでマートンは、この隠れた機能を「**潜在機能**（latent function）」と名づけたのです。つまり、**潜在機能**とは、行為者たちに意識されていない隠れた集団社会への貢献というものです。

そこで、競い合うことが目的とされた学校の行事は、**顕在機能**としてはクラス対抗による勝利をめざすことになりますが、クラスごとに連帯感が強まったとなれば、それは学校行事の**潜在機能ということになります。

4 将来の先取り

マートンの議論を進めるにあたって、私の初めてのデートの話をします。ただし、初デートは悲惨なものでした。

浪人時代、京都の予備校に通っていた私は、近鉄電車の京都行き急行に乗っていました。秋になって後期授業が始まる頃のことです。私が乗る次の駅で、必ず二人で乗ってくる女子学生がいました。人間は面白いもので、大学でも自由に席を選ぶことができるのに、一度座るといつもそこが指定席のようになるものです。彼女たちもいつも私の向かい側の席に座っていました。

私はその内の一人に、恋心を抱いてしまったのです。

チャンスというものはやって来るもので、いつも二人で乗ってくるのに、その日は彼女の友人はおらず、彼女一人だったのです。京都駅に着いて、車両から降りる瞬間、私は勇気を出して彼女に近づきました。

「お早う。今日は友だち乗らなかったねぇ」

彼女は、少し驚きながらも「病気で休んだんです」と答えてくれました。気さくに話してくれる彼女は、京都女子大学に通う1年生ということで、同学年だったことが分かりました。高校名を聞き、その高校に進学した自分の知っている友人を挙げながら彼女との心の距離を縮めました。そして、なんとデートの約束ができたのです。

私は舞い上がりました。人生初のデートです。あらんかぎりの知恵をしぼって、デートコースを考えました。まず、河原町へ行って喫茶店に入る。その後、鴨川沿いを歩いて、そして清水寺に行く。そうしていると、昼食の時間になる。昼食は、どこにしよう。イタリアンなら「マルコポーロ」、中華なら「春風亭」、そうそう、お好み焼きなら「どん」かな、などと計画を練っていたのです。

頭の中は初デートのことばかりだった私が、デート前日の予備校帰りに先輩に会ったのが、運の尽きというものでした。初めてのことで、失敗したくないという気持ちから、先輩にデートの青写真を話し、意見を聞いたのです。すると、先輩はこう言いました。

「清水寺はあまりにも定番すぎるなぁ。それより知恩院がええわ。人も少ないし、三門をくぐって男坂を登っていくと、そこに広がるお堂……。あそこは、俺はお薦めやな」

私は知恩院へは行ったことがありません。それでも、先輩は「河原町から東山に向かっていくとすぐに知恩院に着くわ。誰でもすぐに分かる」と言うものだから、急遽コースを変更したのです。まずは、待ち合わせから河原町までスムーズに進み、いざ知恩院に。ところが、どこをどう間違えたのか知恩院が見つからないのです。知恩院をめざして1時間近く彷徨《さまよ》い続けるなか、彼女との会話は弾むわけもなく、沈黙が続くようになってしまったのです。一挙にデートの流れが悪くなっていくのを肌で感じた私は、起死回生に向け計画していた料理店へ行こうと思いました。ところが、行こうにも自分たちが歩いているその場所すら分からないのです。そうしていると、彼女がぽつりと言いました。

「もう帰ろう」

彼女とのデートが、最初で最後となった瞬間でした。

さて、このように私の初デートは失敗となりましたが、もちろん失敗談がこの節のテーマではありません。私が述べたいのは、これまでに体験したこともないデートにもかかわらず、私たちはなんとかデートとしてふさわしい状況を作り出そうとするということなのです。つまり、未体験にもかかわらず、知らず知らずのうちにデートというものがどういうものかを身につけて遂行しようとしているということなのです。言い換えますと、無自覚の学習によって、大人の階段を上っているということなのです。

ここにクローガー食料財団が、１９５４年の夏に行った一つの興味深い実験があります。

食料財団は、数十人の10歳以下の子どもたちをスーパーマーケットに連れて行きました。無料で子どもたちにどんなものでもかまわないから20種類の品物を選ぶように言ったのです。もちろん、この調査は子どもたちがどのような商品に関心を示すのかを調べるものだったのです。

食料財団は、子どもたちが買い物かごに入れる過程を、機械的記録装置をも利用しつつ、記録をとっていきました。ところが、社会科学者による詳細な分析を行う前に、食料財団の人たちが、買い物を終えた子どもたちの買い物かごを見て衝撃を受けたのです。

もちろん買い物かごの中には、子どもたちがいますぐにでも食べたい西瓜《すいか》やキャンデーがありました。しかし、それだけではなかったのです。なんと、小麦粉、肉、野菜といった、母親たちが選びそうな品まで入っていたのです。

アメリカのスーパーマーケットは、デパートのようにカメラやおもちゃも揃っています。ところが、彼らはそれを選ぶこともなく、母親たちが選びそうな品物を自分たちの買い物かごに放り込んでいたのです。加えて、財団が予想したほど、子どもたちはキャンデーやアイスクリームを選んでいませんでした。

この調査事例は、社会学者のディヴィッド・リースマンが『何のための豊かさ』のなかで紹介したものです。リースマンは、この実験事例こそがマートンの論じる「**事前の社会化**(anticipatory socialization)」という概念に他ならないと指摘しています。

そもそも、**事前の社会化**とは、「**予期的社会化**」あるいは「**社会化の先取り**」「**期待的社会化**」とも訳されるのですが、将来において自分が獲得するであろう地位や役割としての振る舞い方や知識を、先取りして身につけることを指します。

実験の子どもたちの事例で言えば、子どもたちは無意識ながらも、将来において親になった自分を想定し、その位置にある人物の意味ある行為を学習しているわけです。それゆえに、小麦粉や肉類を買い物かごに入れたということなのです。

先の私の初デートに立ち返ってみましょう。

彼女との時間をなんとか充実したものに染め上げようと、私は計画を立て努力しました。しかし、よくよく考えてみると、「初めて」と言いながら、あらかじめデートコースなるものが浮かび上がり、そして頭に描かれた情景に沿って実現させていこうとしたわけです。

そのことは、デートを実施する以前に、異性と二人で過ごさなければならないデートたる知識や振る舞い方をあらかじめ学習しているからこそ可能となったのではないでしょうか。つまり、失敗に終わったとはいえ、初デートなるものを現実化できたということは、まさにマートンの**事前の社会化**によるものと言えるのです。

5　予言が現実をつくる

高校時代に、的場君という級友がいました。彼は優秀で、大阪大学の工学部をめざしていました。模擬試験でも常にA判定で、担任も「的場は、大丈夫」と太鼓判を押していました。

しかし、彼は私と同じように高校受験に失敗した生徒でした。ただ、私との違いは、彼は優秀な受験生であったのにもかかわらず、失敗したということです。

高校受験当日になって、どういうわけか彼は体調を崩してしまい、実力を発揮できなかったのです。そのことから、彼は本番に弱いというジンクスを自分だけでなく、周りの人も感じてしまったのです。私たち仲間内でも、失礼ながら密やかに「あいつ、当日大丈夫なんやろか」と噂をしていました。いや、彼自身が大学入試当日を最も恐れていたのです。

受験当日、彼は電車に乗り、大学に向かいました。ところが、乗り換えとなる大阪・難波駅で彼は貧血を起こし、倒れてしまったのです。それでもなんとか自分にむち打ち、会場にたどり着きました。その時点で、彼の能力は半減していたのではないでしょうか。受験を試みたものの、実力を出し切れず彼は不合格となりました。

的場君自身もそして周りも心配していたことが、現実となってしまったのです。言い換えますと、受験になると実力を発揮できない精神的な弱さを意識した彼は、そのことが起こらないように心配するがあまりに、逆に心配していた状況を作り出してしまったというわけです。

このように、ある状況が起こりそうだと考えて、人びとが行為すると、そのように考えなければ起こらなかったはずの状況が、現実に生じてしまうということを、マートンは「**預言の自己成就**（self-fulfilling prophecy）」という概念で説明します。

マートンが挙げた事例は、1932年の旧ナショナル銀行で起きた支払い不能による破産でした。事の起こりは、旧ナショナル銀行が支払い不能に陥ったという噂が起きたことにあります。この噂が広がり、預金者が不安になり預金の引き出しを求めて銀行に駆けつけたのです。

しかし、本来、銀行は預金者のお金を元にして、貸し出しをしており、借りた人から得る利子と預けた人に払う利子の差額が利益となる構造です。ですから、一斉に預金者が引き出しに来た場合、すでに預金者からのお金を貸し出してしまっているわけですから、いくら経営が健全であろうとも支払い不能となります。

旧ナショナル銀行は、このように人びとが破産するという状況が起こりそうだと考え、そして人びとがその状況を回避しようと行為することによって、破産すると考えなければ起こらなかったはずの破産状況が、現実に生じてしまったというわけです。

6　社会にとっては犯罪も正常なの？

これまで、流行という比較的軽い話題から、日常生活を営む私たちの行為について、マートンに依拠して考えてきました。とりわけ、意図した行為が結果的には当人の意図しない結果を生み出すことになるというマートンの議論は、非常に興味深いものではないでしょうか。

社会学の巨人の一人に、エミール・デュルケムという人がいます。

彼が『社会学的方法の規準』のなかで、「犯罪も社会にとって正常」と述べています。この文言に遭遇するやいなや、普通は「それはおかしいだろう」と返したくなるものです。

しかし、デュルケムはこう説明するのです。

どの社会においても、犯罪のない社会はありません。しかし、どれを犯罪と見做すのか、また犯した罪の重さについても社会によって異なるものです。となれば、犯罪とはその内容で決まるのではなくて、何を犯罪と見做すかは社会における共同意識によって決定されるということになります。

いわば、犯罪が生じることによって、それを犯罪と認定する共同体の道徳意識が覚醒され、共同体の道徳意識が高められるということになるわけです。

さらにデュルケムは、ソクラテスの裁判を採り上げます。彼の罪は、賢者であると思い込んでいるアテナイの人々と問答をすることによって、いかに彼らが無知であるかを知らしめたことにありました。なぜかというと、無知を暴かれたアテナイの人々の憎悪を募らせることになったからです。結果として、ソクラテスはアテナイの神々に背き、若者たちを堕落させたとして、罰せられます。アテナイの国法に従えば、ソクラテスは犯罪者だったのです。

ところが、彼の犯した罪というのは「思想の独立不羈《ふき》」だったのです。つまり、今日の私たちから見れば「思想の自由」が罪となったということです。

「ソクラテスの事例はなにも例外ではなく、史上周期的に再現されている。たとえば、今日われわれの享受している思想の自由にしても、これを禁じていた諸規則が公式に廃されるに先立って侵犯されることがなかったならば、その自由が宣せられることもおよそありえなかったにちがいない」

（『社会学的方法の規準』）

マートンに依拠して、デュルケムを読み返しますと、犯罪というものが社会において果たす役割が見えてくるのです。つまり、デュルケムの犯罪の議論には、〝意図せざる結果〟と〝隠れた機能〟が浮き彫りにされてくるのです。

さまざまな身の回りに生じる出来事を、マートン流に読み解くと今までとは違った世界が見えてきます。ぜひ、みなさんもこの面白さを味わってください。

深めてみよう

1　自己のこれまでの歩みを振り返り、時代ごとに流行ったものを思い出し、「準拠集団」の概念とともに、その時代の社会と関連させて考えてみましょう。

2　「予期的社会化」「預言の自己成就」などの概念を使って、自己のエピソードを説明してみましょう。

参考文献

ディヴィッド・リースマン（加藤秀俊訳）『何のための豊かさ』みすず書房、1968年（＝1964年）

R・K・マートン（森東吾ほか訳）『社会理論と社会構造』みすず書房、1961年（＝1949年）

作田啓一「預言の自己成就」（作田啓一・井上俊編『命題コレクション 社会学』筑摩書房、1986年）

デュルケム（宮島喬訳）『社会学的方法の規準』岩波文庫、1978年（＝1895年）

見田宗介『現代社会の理論――情報化・消費化社会の現在と未来』岩波新書、1996年

ロラン・バルト（佐藤信夫訳）『モードの体系――その言語表現による記号学的分析』みすず書房、1972年（＝1967年）

第3章

〝私探し〟にさようなら

——鏡に映る自己

私には、高校から大学と、ずっと青春をともにしてきた親友Mがいます。そのMと、一度だけ、同じ女性を好きになったことがあります。それは、高校2年のことでした。

私たち二人のマドンナである美奈子さんは、いつも友人の康子さんと一緒に行動していました。Mと私は同じクラスで、休み時間になると、彼女を見る機会を求めて廊下に出ていました。

美奈子さんは、私が送る熱い視線に応えてくれたのか、私を見てニコッと笑ってくれたのです。彼女の笑顔の口元からこぼれた可愛い八重歯が、私にアクションを引き出させたのです。

「美奈子さん。口にタバコくわえてんの？」

私は、口元に指でタバコをくわえるようにしながら、彼女の八重歯をからかいました。

「なによ、岩本君の歯。まっすぐやん！」

返礼とばかりに、彼女は自分の前歯の前に人差し指を横に置き、すばやく私の歯をからかったのです。実は、私の上の前歯は、5本がまっすぐ直線に並んでいるのですが、それを彼女はしっかりと見ていたのです。その日から、よく彼女と話すようになりました。

Mはどちらかというと社交的ではなく、康子さんと共に、ただ私たちの会話を見守っているだけでした。そんなわけで私は、美奈子さんへの思いを膨らませてしまったのです。

告白の覚悟を決めた日、いつもは康子さんと共に行動する美奈子さんがなんと一人で廊下に現れたのです。私は勇気を振り絞って美奈子さんに声をかけました。

「あのう、美奈子さん。話、あんねんけど……」

ここまで言いかけたとたん、彼女は私の言葉を遮《さえぎ》るようにしてこう言ったのです。

「私も。話、したい」

心のなかで、私は「やった」と叫びました。しかし、その言葉に続いて出た言葉は以下のものでした。

「岩本君。M君に言ってくれる？『放課後、屋上で待っているから』って……」

なんと、彼女は歓喜する私を地獄の底へと突き落としたのです。

つまり、彼女は、いつも私の隣にいたMが好きだったのです。勇気を出して、美奈子さんに声をかけ、彼女との関係を紡いでいた私の行為なるものを、すべてMとの間を取り持つがための〝愛のキューピッド〟と美奈子さんは捉えていたのです。

「話、あんねんけど」という私の告白のスタートは、美奈子さんにすれば、自分の思いがMに通じたこととして、感極まる喜びだったのでしょう。

思いもしない展開のなか、もはや彼女の誤った解釈を否定して、美奈子さんへの思いを告げることなど私には到底できません。

「うん。分かった。Mに言うわ」

引きつりながらも笑いを浮かべ、引き下がりました。こうして、愛の告白という大きな舞台を演じきることもできず、私の恋は木《こ》っ端微塵《ぱみじん》に吹き飛ばされたのです。

その後、教室に戻った私は、放課後屋上で美奈子さんが待っていることをMに告げました。思いもしないことを私から聞いたMは、驚いていました。

放課後、一人寂しく3階の教室のベランダから遠くを眺めていると、屋上での話を終えたMと美奈子さんが、仲良く校門を出て行く姿が目に入りました。

自分が美奈子さんの横を歩くことを夢見ていたのに、逆に二人を結びつける機会を作ってしまい、おまけに、二人の愛を温かく見守る存在になってしまった自分を嘆きました。

「自分っていったい何なんだ?」

当時の日記を開くと次のようなことが書かれています。

「あぁー。俺は今日もピエロ!
何でこうなんね。
誰も知らない所へ行って、もう一度新しい自分を作りたい!」

通常、私たちは自分で自分の存在を問うことなく生活しています。しかし、他者に映る自画像と、自分が描く自画像とがブレると不安になります。特に、私のエピソードのように、自分という存在が揺らぐと、自分に向かって「自分という存在」を確かめようともがくものです。

さて、この章では、人間が人間として生活していくようになる過程である「社会化」を中心に議論を進めたいと思います。そのうえで、自分の存在があやふやになったり、また周りから誤った認識で見られたりする不安から、出口のない「自分探し」のスパイラルに陥ってしまわない一助となればと考えています。

1 重要な他者／一般化された他者

社会的動物である人間が、社会のなかで生きていくには、自己のなかに社会を取り入れ成長していかなければなりません。どのようにして人間が社会的に生きていけるようになるかという根源的なテーマについて、深く考え抜いた人にG・H・ミードがいます。

私たちは、他の動物のように生まれてすぐに立つこともできなければ、食べることもできません。母乳を飲むか、それともミルクを飲むかという違いはあるでしょうが、保護者を介して、私たちはお腹を満足させてもらうわけです。また、保護者を介して排泄物を処理してもらわなければなりません。加えて、保護者から言葉を学ぶことで、自分の要求を他者に訴えたり、また他者の考えを理解したりしていくわけです。

ミードは、このように社会的人間になっていく上で、自分と直接かかわる父母や兄弟姉妹などの人物を、自己にとってかかせない他者、すなわち「**重要な他者**（significant others）」〈「**意味ある他者**」とも言う〉と名づけます。そして、私たちはこの**重要な他者**から、ちょっとしたことで泣く男の子には「男でしょ。泣いてはだめ」と言われたり、また女の子が木登りなどしていると「女の子でしょ。おしとやかにしなさい」と叱られたりするわけです。そして、男の子は「少々のことで泣いてはいけない」とか、女の子は「おしとやかでなければいけない」など、社会の中で妥当とされる役割を身につけていくことになるのです。

ミードは、このことを「**役割取得**（role taking）」と呼びました。このように、私たちは、「男の子とは……」「女の子とは……」、そして将来の姿としての「母親とは……」「父親とは……」などの役割としての人物像を、**重要な他者**を介して、自己のなかにつくり上げていくわけです。

例えば、私たちは、小学校に入学すると自然と先生の言うことに従う児童となります。それは、**重要な他者**である保護者から「先生の言うことをしっかり聞くのよ」と入学前から教えられており、自己のなかに児童としての人物像がすでに形成されているからなのです。つまり、前もって形成された児童像に沿って、先生の指示に従う児童を自己が演じていくことになるわけです。まさに、学校という社会で生活できる人間になっているわけです。

ミードは、自分に関わる**重要な他者**に対して、このような自己のなかに形成された、さまざまな社会的役割を担う人物像のことを、「**一般化された他者**（generalized other）」と呼びます。

英語表示でみますと、**重要な他者**は「significant others」と表示されます。他者を意味するother が others と複数で表示されているのです。それは、自分にとって**重要な他者**とは、母親だけでなく父親、兄弟姉妹、そして祖父母など多数の人がいるわけですから、others と複数で表示されるのです。

それに対して、**一般化された他者**は「generalized other」と単数形で表示されています。というのは、自己のなかに、代表的な者として役割を持った人物像を描くからです。よく「××先生って、教師らしくない」などと語ることがあります。それは、××先生が自分のなかで築き上げた**一般化された他者**としての教師像と合致しない先生だからなのです。

このように社会化されていく過程を、具体例を挙げながらもう少し議論してみることにしましょう。

役割取得を学んでいく一つに「ごっこ遊び」があります。ただし、「ごっこ遊び」は、漫画や映像のヒーロー、またお母さんや先生になりきって、その言動や、振る舞いをまねているだけです。

しかし、野球というゲームに参加した場合を考えてみましょう。

あなたはピッチャーで、一塁にランナーがいるとします。そして、打者に向かって投球動作に入った瞬間、ランナーは盗塁を試みたとしましょう。あなたから投げられたボールを受け取ったキャッチャーは、ランナーをアウトにするためにセカンドベースに向かってボールを投げます。そのとき、セカンドベースには味方のセカンドかショートが入って、キャッチャーからのボールを取って、走り込んでくるランナーにタッチすることになるでしょう。

これらの一連の流れは、それぞれのメンバーが野球というゲームのなかでの「自分の役割」というものを理解しているからです。加えて、チーム内の他のメンバーならびに相手チームのポジションの役割が理解されているからこそ、野球というゲームがスムーズに進行されていくのです。

このように、ゲームを展開できるということは、「ごっこ遊び」から社会化への階段を一つ上ったことになるのです。私たちは、ゲームのルールを身につけていくように、自己がどのような役回りになっても社会的に行動できるようになっていくというのです。

まさに、ミードが述べる**役割取得**を通して、私たちは「**社会化**(socialization)」され、そして社会的人間になっていくということです。

2 私のなかのもう一人の私

ミードによる社会化の過程についての説明によって、みなさんがいかに社会的な人間になっていったのかが理解できたと思います。また、過去の思い出として刻まれているシーンを、「**重要な他者**／**一般化された他者**」という概念で読み解いてみることができるのではないでしょうか。

自分が生まれてきて、「いま」「ここ」にいる自分を見つめなおすためにも、もうしばらくミードの議論につきあってみることにしましょう。

私が小さい頃は家に風呂がなく、銭湯に行っていました。当時、町に住む人たちの多くが自宅に風呂がなく、いわば銭湯は近所の社交場でもあったのです。この銭湯に行くのが、私には楽しみでもありました。

湯船の中に入る小口に浅い段があります。入り易くしてあるのと、腰掛けて半身浴ができる機能性からだと思うのですが、この段が私の遊び場だったのです。

湯船の端を左手で持って、右手で湯を掻き、足をバタバタさせて泳ぐのです。学校から帰ったすぐの夕方4時頃は、客がほとんどおらず、またいたとしても数人のお爺さんがいるぐらいでしたから、邪魔になることもなく楽しんでいたわけです。

小学2年生の時のことでした。

突然、「こら！　湯、かかったやろ！」と大きな声がしました。振り向くと、集団登校として一緒に通う6年生の部団長、前谷君だったのです。

風呂の中で泳ぐことは良くないと十分に分かっていました。その上、足をばたつかせて、前谷君に湯をかけてしまったわけですから、当然謝らなければならないと思ったのです。

ところが、謝罪の機を逸したからでしょうか、また謝ることへのばつの悪さからでしょうか、私は睨むような目で前谷君を見てしまったのです。

前谷君は「謝れ！」「謝れ！」と連呼しました。

ところが、それに応じることもなく、反抗的な態度まで見せるものですから前谷君はたまりません。ついに、憎たらしい下級生への怒りが頂点に達したのでしょう。前谷君は、床にあった桶を手にして湯船の湯を掬《すく》い、私の頭にかけたのです。

私は目を開けていたので、目の前を湯が流れていくのが見えました。しかし、その湯から透けるようにぼんやりと人影が見えたのです。その時です。私の頭の中で「泣いた方が良い」という声がしました。その声に従って私は大声で泣きました。

その人影は、近所のおじさんでした。おじさんは、「こら！　何やってんね！」と前谷君を叱りつけ、彼の頭を拳骨で殴ったのです。おそらく、おじさんがお風呂に入ってきた時、最初に目に飛び込んだのは、小学6年生の子どもが小さい子の頭に湯をかけるシーンだったのでしょう。それ以前の私の行為、つまり風呂で泳いでいたことも足をばたつかせて前谷君に湯をかけたこともまったく知らなかったおじさんは、ただ目にした年上の子による「イジメ行為」の光景に接したことで、怒ってくれたわけです。

私は、「やった！」と心のなかでほくそ笑みました。そこにまた、頭の中のもう一人の自分の声が聞こえたのです。

「もっと、泣け！」

その声に呼応して、私はより一層大きな声で泣きじゃくりました。すると、おじさんは私に「大丈夫か？　もう大丈夫やでぇ」と優しく声をかけ、前谷君にこう言ったのです。

「小さい子に湯（を）かけて、年上の者がすることか！　この子に謝れ！」

前谷君は、弁解の場も与えられず、私に「ごめん」と謝りました。前谷君にとっては、なんといまいましい出来事だったでしょう。しかし、こすっからい私は、心の中で勝ち誇った気になっていたのです。

この年齢の頃は、すべてが「いま」「ここ」での出来事に集中しているというのでしょうか、それとも私が時間というものを挟んで考えられない無邪気で浅はかな子であったのでしょうか。その場をうまく逃れても、明日という日があるわけです。

翌朝、すっかり銭湯のことなど忘れて、ランドセルを背負って集団登校の集合場所に行きました。そこには、部団長の前谷君が立っていました。

「おい、岩本。昨日、えらい目にあわせてくれたなぁ。お前、これ持て！」

そう言って前谷君は、私に自分のランドセルを渡しました。私は、昨日の返礼として前谷君のランドセルを持って登校しなければならない罰をいただくことになったのです。

内省的な視点から社会を取り込みつつ社会的人間としての自我が形成されていく過程について説明するミードは、さらなる議論を展開するなかで、「I／me」概念を持ち出します。

そこで、私の銭湯事件をミードの「I／me」概念でもって、読み解いていくことにしましょう。

私は、湯船のなかで泳いではいけないということは分かっています。そのうえ、バタ足で人に湯をかけることなど許されるものではありません。だから、謝罪しなければならないことは分かっているわけです。だからこそ、「謝らなあかん」と思うわけです。ところが、私は反抗的な態度を選択してしまったのです。

ここで、謝罪を要求する私のなかの私がいます。このように、社会のなかのルール（規範）を身につけた私を、ミードは「me」と呼ぶのです。

ところが、その me の声に従わず、睨むような態度をした私がいます。その私が、ミードに言わせると「I」というものなのです。常に、この me と会話をしながら、自己の行為を遂行していくわけです。

だから、me は一見狡猾《こうかつ》にみえることもあるのです。たとえば、おじさんが現れた時に泣くように指令しました。それは、上級生が下級生がいたぶる行為は許されないとする社会常識を me は知っているからです。

ミードは、個人が置かれた社会的状況のなかで、どのような行動をとるのかについて、次のように述べます。

「われわれは自分自身を知り状況を知っている。けれども自分たちがどう行動するかは、行為がおこった後でないと、経験のなかで精確にはつかめない」（『精神・自我・社会』）

つまり、私たちはある状況を想定してみた場合、「おそらく、私なら……の行動をするだろう」と思うわけです。しかし、ミードに言わせれば、現実にその状況が生じてみないとどのような行動を選択するのか分からないし、実際に行動した後でないとなぜそのような行動をとったのかも分からないというわけです。

また、Ｉとは、自身の行為に含まれている社会的な状況を超えていくアクションであって、そのようなアクションを行った後で、はじめて自分の経験としてのＩに気づくというわけです。

「「me」は、われわれが行為そのもののなかであたえられる義務に応じるかぎり、ある種の「Ｉ」を要求する。しかし「Ｉ」は、その状況が要求するところとはどこかいつもちがっている。そこで、そういってよければ「Ｉ」と「me」のあいだにはいつも区別がある。「Ｉ」は、「me」を引き出しもするし、「me」に反応もする」（前掲書）

私たちの心のなかでは、その都度どのような行為をすべきかの会話がなされています。そして、現実として選択する行為というのは、結果として生じない限り分からないのです。言い換えますと、心の中での会話では、現実行為としての結論は出ておらず、行為がなされてはじめて、自分がとった行為選択を知ることになるのです。

つまり、自己は行為する前の段階では明確なものではなくて、行為が遂行された後から自己の行為スタイルを認識していくわけです。

ミードに依拠しますと、人の性格というものは、当事者が選択した行為を後追い認識することによって、理解できることになります。なので、私の性格というものを銭湯事件のエピソードから言うと、反抗的ということになるのでしょう。

3 『人間失格』

「私は、その男の写真を三葉、見たことがある」

太宰治の『人間失格』は、上記のようにミステリー風の書き出しから始まります。

私が『人間失格』を最初に手にしたのは、高校2年の時でした。しかし、読み始めてすぐに吐き気をもよおすような嫌悪感からすぐに閉じました。

二度目に手にしたのは、大学に入学した頃でした。今度は、引き込まれるように文字を追いました。この一度目と二度目のギャップの意味が理解できたのは、読み終えてからのことです。太宰が描く主人公の葉蔵の行動があまりにも自分に似ており、自分を見るようで嫌だったのです。つまり、お調子者を演じていた私の幼少時と葉蔵が重なり、最初に手にした時は、自己の心の奥に圧し込めていた思い出がこじ開けられるようで嫌だったのです。しかし、大学時代には私は嫌な過去を抱きしめられるようになっていたということです。

さて、本題の『人間失格』に戻りましょう。

写真の1枚目は、首を30度ほど曲げ、笑顔でこちらを見ている10歳前後の少年が大勢の女の人に取り囲まれて写っているものです。普通に見ると「可愛い坊や」と感じるかもしれないのですが、よくよく見ると「なんて、いやな子供だ」と不快に感じるというのです。

というのも、この子は笑っていながら両方のこぶしを固く握りしめているのです。本来、私たちが笑う時は、リラックスした状態となります。身体は弛緩《しかん》するわけですから、こぶしを固く握りしめながら笑うことなどありえないのです。なので、この子の笑顔は作り笑いでしかないということです。

次の写真は、美形の顔の学生が身なりを整え、籐椅子にかけて笑っています。その巧みな笑みが、気味の悪さを引き起こすのです。なぜなら、その笑いは人間の笑いではなく、まったくの作りものだからです。

そして、最後の写真は最も奇怪な写真となります。

火鉢に両手をかざしているのですが、今度は笑ってはいません。それどころか、年齢も分からなければ、どんな表情もなく、まるで死人のようなのです。

さらに言えば、死人にだって死相というものがあるのですが、この男にはそれすらなく、見る者をぞっとさせるのです。

このように太宰は3枚の写真について述べた後、この男の手記を綴っていきます。

「恥の多い生涯を送って来ました」

この書き出しは非常にインパクトが強く、私の心に深く刻まれています。

葉蔵は、仕合せ者だと人から言われるのですが、葉蔵自身は地獄のような思いで生きていて、仕合せ者だと言う人の方が自分よりずっと安楽に思えます。そして、いつ周りの人間から嫌われるかもしれないという不安と恐怖に襲われるのです。

そこで考えついたのが道化でした。他人からの愛を求めるワザとしての道化によって、人を引きつけている限り、他人は葉蔵を嫌いはしません。笑ってもらっている間は、自分は安全なのです。だから、写真を撮っても、現像された写真を見て喜んでもらうために、葉蔵は奇妙な顔をして写るわけです。


「人間に対して、いつも恐怖に震いおののき、また、人間としての自分の言動に、みじんも自信を持てず、そうして自分ひとりの懊悩《おうのう》は胸の中の小箱に秘め、その憂鬱《ゆううつ》、ナアヴァスネスを、ひたかくしに隠して、ひたすら無邪気の楽天性を装《よそお》い、自分はお道化たお変人として、次第に完成されて行きました」（前掲書）

葉蔵の父が東京に上京する折、子ども達が客間に呼ばれ、「土産は何が良いか」と笑いながら尋ねられます。長男から順に述べ、父はその品名を手帖に書いていくのです。「葉蔵は？」と聞かれるのですが、葉蔵は何が欲しいというわけでもありません。もじもじしている葉蔵に「お正月の獅子舞のお獅子の面はどうか」と促されるのです。ところが、そうなると追い込まれてしまって、お道化た返事もできなくなります。

長男が「本がいいでしょう」とその場を救ってくれるのですが、興醒めた父は手帖に書きとめもせず閉じてしまいます。その父の姿に、「自分は父を怒らせた、父の復讐は、きっと、おそるべきものに違いない」と思うのです。

なんとか取り返しがつかないものかと考えた葉蔵は、夜中にそっと起き、父がしまい込んだ筈の机の引き出しから手帖を取り上げます。そして、お土産の注文記入の箇所を見つけ、手帖に「シシマイ」と書きました。

葉蔵にとっては、かえって本の方が良いのです。でも、父が帰ってきて、母親に大声で言っているのを子ども部屋から聞いた葉蔵は安堵します。

「仲店のおもちゃ屋で、この手帖を開いてみたら、これ、ここに、シシマイ、と書いてある。これは、私の字ではない。はてな？　と首をかしげて、思い当りました。これは、葉蔵のいたずらですよ。あいつは、私が聞いた時には、にやにやして黙っていたが、あとで、どうしてもお獅子が欲しくてたまらなくなったんだね」

（前掲書）

このように葉蔵は、他人に映る自己像を気にして生きていくわけです。

私たちは、自分を直接見ることはできません。もちろん、手足といった目で追える箇所は見ることができるでしょう。しかし、顔や頭となれば、それはもう鏡でしか見ることができないわけです。

自分自身の心や性格はどうでしょう。

ミードに依拠してみても、行為をした後で自分を知るということであり、その確証となると、はなはだ心もとないものです。私たちは、周りの人間から「あなたは、優しい人」とか、「あなたは几帳面ね」と言われてはじめて、自分のことを知るということになるのです。

つまり、私の人柄や性格などは、他者を鏡とし、その他者の鏡に映る自己の像で知ることになるのです。実存主義者のキェルケゴールは『死に至る病』のなかで、「自己が何に対して自己であるかというその相手方が自分を量る尺度である」と言っています。

子どもは、よく母親に向かって「見て、見てお母さん。この花を摘んだのは私よ」などと訴えるものです。自分が自分であるには、他者の前に自分を押し出す必要があるのです。他者からの評価がどのようなものかを確認しながら生きているということなのです。

このような自己像について、他者との関係から「**鏡に映る自己**（looking-glass self）」という概念でもって議論した社会学者に、C・H・クーリーがいます。

クーリーは、他者の反応や評価を通して、私たちは自分自身のイメージを形成すると言うのです。まず、私たちは他者が自己をどのように認識しているのかについてイメージします。また、他者がいかに自己を評価しているのかについてもイメージするわけです。そして、この二つのイメージに対して、私たちは自己の誇りや屈辱といった感情が生じると言うのです。

『人間失格』を、**鏡に映る自己**の概念で読み解いてみることにしましょう。

葉蔵は、道化を演じることによって他者の**鏡に映る自己**は「喜ばれている」というイメージとなり、安心するのです。それは、葉蔵に対して好意的に受け入れられているという他者の**鏡に映る自己**の評価としてイメージできたからです。そのことで、葉蔵は不安が解消されたのです。

ところが、父親から正月のお土産の品を問われたとき、父親を喜ばせるような返事ができませんでした。父親の鏡には、期待に反した葉蔵の自己像が映し出され、父を怒らせたのではないかと葉蔵はイメージするのです。なんとか父の**鏡に映る自己**の評価を挽回するために、夜中に忍び込んで手帖に「シシマイ」と書くわけです。

この策が功を奏し、父親を喜ばせることになります。つまり、父親の鏡に映った葉蔵は、高い評価として映し出され、そのイメージでもって葉蔵は安堵するというわけです。

私たちは、常に他者の評価を気にしています。いや、気にするあまり葉蔵のように、他者に良き評価を求め続けるのです。つまり、**鏡に映る自己**が良く映るように演じるわけです。その極端な例が葉蔵なのです。

ただし、葉蔵にいたっては、他者の鏡を常に、そして非常に気にするあまり自己が失われてしまい、最後は死相すらない抜け殻となってしまったのです。

4 〝自分探し〟にさようなら

通常、私たちは「自分っていったい何?」と自身に問うことなく生活しています。ところが、サークルや、友人、恋人との関係が揺らぐと、他者だけに留まらず、自分という存在に目を向けるようになります。そして、自分を責め、悩み苦しむのです。

また日常においては、私たちは無意識に自己が理想とする個性を他者という鏡に映し出されるよう、自己を操作しがちです。つまり、私たちは他者からの評価を常に気にしながら生きているのです。

ところが、操作された自己と、操作している自己とが乖離しすぎたり、望むような自己が他者の鏡に映らなかったりすると、不安でいたたまれなくなってしまいます。太宰の『人間失格』は、この自己が理想とする個性を操作しようとするあまり、操作している自己と大きく乖離してしまい、抜け殻のような人間になってしまった姿を描いたものです。

ミードが指摘したように、私たちは行為の結果の後でしか、自分の性格を認識できません。さらに、クーリーが述べるように、私たちは常に他者に映る自己像を想像しながら生きているわけです。だからこそ、常に自分を映し出してくれる友人や恋人の存在は大きく、失った時の痛みは言葉で言い表せないほど辛いのです。

このような議論から導きだされることは、〝私探し〟に奔走したところで、私が見つかることはないということであり、幻想に過ぎないということです。

「その人の為に」と注意したことが、相手にとって「あなたは厳しい人」という悪い評価になってしまおうとも、その人の鏡に映った像の評価がそうであれば、しかたがないことなのです。あっけらかんと「そう映ったならしかたない」とあきらめるしかないということです。

また、ミードに依拠するなら、母親から「あなたは優しい子ね」と言われたとしても、将来もその像に沿って行為するかしないか分からないということです。つまり、自分を問いつめ、苦しみ悩んだところで、答えのでないスパイラルに陥るだけなのです。

村上春樹は、このような苦しみについて、次のように述べています。

「今、世界の人がどうしてこんなに苦しむかというと、自己表現をしなくてはいけないという強迫観念があるからですよ。だからみんな苦しむんです。僕はこういうふうに文章で表現して生きている人間だけれど、自己表現なんて簡単にできやしないですよ。それは砂漠で塩水飲むようなものなんです。飲めば飲むほど喉が渇きます。にもかかわらず、日本というか、世界の近代文明というのは自己表現が人間存在にとって不可欠であるということを押しつけているわけです。教育だって、そういうものを前提条件として成り立っていますよね。まず自らを知りなさい。自分のアイデンティティーを確立しなさい。他者との差違を認識しなさい。そして自分の考えていることを、少しでも正確に、体系的に、客観的に表現しなさいと。これは本当に呪いだと思う。だって自分がここにいる存在意味なんて、ほとんどどこにもないわけだから。タマネギの皮むきと同じことです。一貫した自分なんてどこにもないんです」

（『夢を見るために毎朝僕は目覚めるのです』）

アイデンティティーを確立させなければならないという呪いから解放されることこそが、現代の苦しみを解く鍵であることを村上春樹は指差して示してくれているのです。みなさんも、〝私探し〟という呪縛に「さようなら」を告げましょう。

深めてみよう

1 ミードやクーリーの概念を使って、自分史のエピソードを語ってみましょう。

2 現代社会は、どうして〝私探し〟に奔走するようになったのでしょう。自分なりに考えて、仮説を導きだしてください。

参考文献

ブレーズ・パスカル『世界の名著24 パスカル』中央公論社、1966年
キェルケゴール(斎藤信治訳)『死に至る病』岩波文庫、1939年(=1849年)
C・H・クーリー(納武津訳)『社会と我――人間性と社会秩序』日本評論社、1921年(=1902年)
太宰治『人間失格』新潮文庫、1952年(雑誌『展望』1948年)
G・H・ミード(稲葉三千男・滝沢正樹・中野収訳)『現代社会学大系10 精神・自我・社会』青木書店、1973年(=1934年)
村上春樹『夢を見るために毎朝僕は目覚めるのです――村上春樹インタビュー集1997―2009』文藝春秋、2010年

第4章

お葬式も舞台!?
——演技する社会

1 苦手な空間

私の苦手な空間の一つにエレベーターがあります。指定した階に止まるときに、一瞬、身体がふわっと浮き上がり、そこから少し下がるようにして停止するあの不快感が嫌なのです。ただし、苦手な要因は、エレベーターという装置が持つ不快感だけではありません。

それ以上に苦手な要因が、見知らぬ人と同乗する時に生じる居心地の悪さなのです。エレベーターという狭い空間に閉じ込められた私は、同乗する人の前でどのような振る舞いをしてよいのか戸惑うのです。

そこで、エレベーターで見知らぬ誰かと共にすると、なぜか決まった振る舞いをしてしまいます。その一つが、ドアの上部に設置してある階数表示盤に目を向けることです。「今、2階」「あっ、3階か……」と心の中で呟きます。次に、ドアの開閉ボタンの上にあるラベルに目を転じます。そこには、エレベーターの製造会社が表示されていて、「これは○○メーカーのものか」と確認します。そしてもう一つ、目で追う行為はというと、製造会社が表示された付近に貼られているエレベーターの点検シールです。「××年△月△日に点検されたのか」などと納得をするのです。

別段私は、移動するエレベーターの階数位置を確認したいわけでもなければ、エレベーターのメーカーを知りたいわけでもありません。また、安全性の確認や安心のために点検を確認しているのでもないのです。この狭いエレベーター内で見知らぬ人と同乗しなければならない居心地の悪い時間を、このような意味もない行為でもって消そうとしているだけなのです。

となれば、私をこのような振る舞いへと駆りたてるのは、エレベーターという狭い乗り物自体に原因があるのでしょうか。そうではなく、見知らぬ人と閉ざされた空間内で共に過ごさなければならないということではないでしょうか。

もう少し突き詰めて考えますと、エレベーターの居心地の悪さとは、見知らぬ人と目を合わせてはいけないという意識がぎこちない振る舞いへと私を動かしているということに起因していると考えられるのです。

2　個人への崇拝

よくよく考えますと、見知らぬ人と遭遇する場では、エレベーターに限らず、電車内でも私たちは同じように互いに目をそらす行動をとっています。

このような集まりの場における人間の振る舞いを研究した社会学者にアーヴィング・ゴッフマ

ンがいます。

ゴッフマンは、現代の大都市においては見知らぬ人と居合わせることが多く、そのような状況に置かれると、人びとは互いに無関心を装った振る舞いをすると言うのです。そして、このような振る舞いを「**儀礼的無関心**（civil inattention）」という用語を使って、次のように述べます。

「相手をちらっと見ることは見るが、その時の表情は相手の存在を認識したことを（そして認識したことをはっきり認めたことを）表わす程度にとどめるのが普通である。そして、次の瞬間にすぐに視線をそらし、相手に対して特別の好奇心や特別の意図がないことを示す。

このような礼儀正しい振舞をする時には、見る人の目が相手の目を捕えるのは許されるが、「会釈」にまで発展するのは許されないのが普通である。道ですれ違うふたりがこのような儀礼的無関心を装う時には、およそ八フィートの距離になるまでの間におたがいに相手をよく観察し、その間に道のどちら側を通るか決め、それを身振りによって示す。そして、相手が通りすぎる時には、あたかもライトを下向きにするかのように、おたがいに視線をふせる。これは個人間の儀式を最小限におさえようとする行為であるが、われわれの社会では、それは、個人間の社会的交流のありかたを規定するルールにもとづいている」（『集まりの構造』）

〈注〉八フィートは約2・44メートル

儀礼的無関心を装うことで、私たちは周りに居合わせた人に敵意を持っていないことを示し、敬意を払っていることをほのめかすというわけです。

とはいえ、このような振る舞いはきわめて微妙な行為なので、できるならこのルールから簡単に逃れようとする人もいます。その例としてゴッフマンは、いくつかの振る舞いを挙げています。その一つが、サングラスをかける行為です。サングラスをかけることによって、自分が周りの人のどこに視点をおいているのかを見えなくするようにしていると言うのです。

他に、電車のなかで新聞を広げて読んでみたり、目をつぶって寝たフリをしたりすることも同じく**儀礼的無関心**を示す行為ということです。

では、どうして日常のなかでこんなにも私たちは見知らぬ人びとに気遣っているのでしょうか。ゴッフマンは次のように説明します。

「自我《セルフ》というものには儀礼的な部分があるわけになる。儀礼的な部分とはすなわち、他人たちから適切な儀礼的配慮によって扱われ、他人たちに適切な照明のもとにその姿を提示されなければならない神聖なものにほかならない。その自我を確立するひとつの手だてとして、個人は他者たちと接触するさいに適切な品行で行為し、他人たちから敬意表現をもって扱われる」

（『儀礼としての相互行為』）

このように、ゴッフマンは、現代の世俗的社会においては、それぞれが互いに個人の神聖を敬い合う形でつながっていると言うのです。

つまり、近代まで人びとは共通する神を敬う形で社会を形成していたのですが、その多くの神々が去ってしまった現在においては、神ではなく社会を形成する諸個人を敬う形で社会が成り立っているということなのです。

3 母親の死を前にして

私たちは、他者に無関心を装わなければならないこともあれば、また逆に感情をあらわに表現しなければ不信を抱かれるどころか、嫌悪感まで示されることがあります。

感情がほとばしる例として、親族や知人の死に遭遇した際の振る舞いが挙げられます。

私の母は76歳で亡くなりました。現代の長寿社会における平均寿命から判断すれば、少々早かった死といえるでしょう。

私は、一人っ子であり、兄弟の手助けもなく喪主を務めることになりました。本来ならば、親族を見て心が緩み、こらえていた悲しみが溢れ、涙するものかもしれません。いや、親族にしてみれば、母の愛を一身に受けた一人っ子ゆえに、その母親の死に際しては通常の嘆きではなく、それはもう取り乱すほど悲しむものと思い込んでいたのでしょう。

ところが、私の振る舞いはその予想に反して、嘆き悲しむわけでもなく、ましてや愛想よく笑みまで浮かべる対応だったのです。と言いますのも、私は喪主を務めなければならない上に、協力してくれる兄弟もいません。そのため、葬儀の手はずから通夜、そして告別式と、すべてのことを地域の人たちや葬儀業者と打ち合わせ、そして判断をくださなければならなかったのです。そのことに追われ、母の死の悲しみに浸る余裕など私にはありませんでした。その上、親戚だけでなく、弔問に駆けつけていただいた知人の方々に失礼のないようにと感謝を込め愛想よく接するよう心がけなければならないと思ったのです。

親族の予想を裏切った私の振る舞いは、私への不信を抱かせてしまうことになりました。ただし、親族の私への訝《いぶか》しさは、この時点ではまだその序章に過ぎなかったのです。

出棺後、市営の火葬場へと向かいました。最後の別れがあり、係員から「喪主さまだけ、お残りいただきます。ご家族ならびに親族の皆様は階段を上っていただきまして、お２階の方へお願いします」と指示されたのです。

取り乱すことなく、愛想のよい対応をしていた私ですが、それはおそらく葬儀を滞りなく遂行することにのみ集中していたのだと思います。なので、係員がなぜ私だけ残るように指示したのか、その意味を考える余裕すらなく、ただ私は棺の前に立ち続けていました。

しばらくして、係員は棺の置かれた前の扉を開けました。そして、台に載った母の棺を滑らせて奥に納め、扉を閉めたのです。その後、係員は私に告げました。

「上のボタンを押してください」

私は、そのボタンが母の遺体を燃やすバーナーのスイッチボタンであることになど思い至らず、ただ言われるがまま、いわゆるオートマチックに力強くボタンを押したのです。

バーナーに点火される音は、自分のとった行為の重さというものを知らせるものでした。しかし、そのことの深みを心で受け止める間もなく、私は背中に上から投げかけられる視線を感じたのです。振り返って2階を見上げると、先ほど階段を上っていった親族が硝子の窓越しから私を見つめていました。その時の親族のまなざしは、氷のような冷たさを帯びていました。

その3ヶ月後のことです。遠縁にあたる叔父の葬儀がありました。遠縁とはいえ、駆けつけた親族には母の葬儀に参列した人も多くいました。喪主は、私より3歳下の長男でした。父親を亡くした長男は、取り乱すことなく対応し、立派に参列者への挨拶を行っていました。

そして、出棺から火葬場へと向かいました。そこは3ヶ月前に私がボタンを押した火葬場だったのです。母の時とは違って、今度は、階段を上り、ボタンを押す喪主の姿を硝子越しに眺める番になったわけです。

私と同じように、喪主である長男は係員からボタンを押すように促されました。

ところが、これまで気丈に振る舞っていた長男が、その緊張の糸が切れたのでしょうか。身体が小刻みに震え、ボタンを押すために挙げた右手の指がボタンに触れたと同時のことでした。

「あっあぁ！」大声で叫びながら、泣き崩れたのです。

硝子越しに見ていた親族たちは、喪主のその姿を見て泣きました。お骨拾いが終わり、帰路につくバスのなかで、親族がつぶやいた言葉が私の胸を刺しました。

「今日は、ええ（良い）お葬式やったな」

葬式に「良い／悪い」があるのでしょうか。この言葉の意味するものは、３ヶ月を置いて起きた二つの親族の葬儀の比較であることが、私には分かりました。しかし、死に立ち会った家族の気持ちなど、外から計り知ることはできないものです。ただ、言えることは亡骸《なきがら》を送り出す喪主および家族の振る舞い方によって、参列者から評価されるということです。

4　カミュの『異邦人』にみる振る舞い方

弔う場での私たちの行為は、自然な感情に従って振る舞われるものだと思っています。そう思っているがゆえに、逆に予想とは異なる振る舞いをすると、どのような社会的制裁があるのかについては考えないものです。

みなさんは、アルベール・カミュの『異邦人』を読まれたことがあるでしょうか。

私の葬儀での経験は、このカミュの『異邦人』を想起させるものでした。『異邦人』を初めて読んだのは、高校3年生の時でしたが、衝撃を受けた私は読み終えた本からしばらく手を離せず、呆然としていました。

『異邦人』は、書き出しからして意表をつかれます。

「きょう、ママンが死んだ。もしかすると、昨日かも知れないが、私にはわからない」

母親が亡くなったのに、それが今日か昨日かも分からないなんてことがあるでしょうか。通常、自分にとって大切な人の死んだ日というものが、時間的リアリティを伴わない感覚なんてありえないと思うのです。

このように、冒頭で私たちが「あたりまえ」と思っている意識を、カミュは木っ端微塵に打ち砕くわけです。少し長くなりますが、「状況に適した行為」というものを考えてもらうために、小説の流れを追ってみることにしましょう。

主人公ムルソーは養老院に入っている母が亡くなったという電報を受け取り、休暇願を主人に申し出ます。主人の不満げな顔を読み取ったムルソーは、とっさに「私のせいではありません」と答えます。

母を弔うため、養老院に駆けつけたムルソーは、死体置き場で、母親の死顔を見せようと棺の蓋を開けようとする門衛を引き止めます。死顔を見ようとしない態度を不信に思った門衛から「ご覧にならないんですか」と問われ、「ええ」と答えてしまうのです。答えた後で、ばつが悪かったと思い返すものの、棺の前で、平然とミルク・コーヒーを飲み、タバコを吸います。

養老院で親しくしていたという母親の男友達ペレーズは、足が悪いのにもかかわらず、足を引きずりながら埋葬場へと向かいます。彼は暑さのため汗をかきつつ、大切な人を失った悲しみから大粒の涙を流すのです。対照的に、息子ムルソーは淡々と母親の埋葬に付き添います。しかも、葬儀屋から母親の年齢を尋ねられても、正確な年齢すら答えることができませんでした。

翌日、ムルソーは海に出かけます。そこで、職場の元同僚であったマリイに会います。ムルソーはマリイを気に入っていたこともあって、ビーチではマリイのお腹に頭を置いて寝るのです。その後、ムルソーはマリイを映画に誘ったのですが、ただし喜劇映画を選んだのはマリイでした。ムルソーは母親を思い出さないわけではありません。ただ、現実のなかで母の像が消えて行くのです。そして、その夜、マリイと結ばれます。

同じ階に、女性を食い物にしながら生活しているレエモンが住んでいました。このレエモンから、アラビア人情婦への手紙の代筆を頼まれ承諾します。ただし、レエモンは自分の思い通りにならないこの情婦に暴力を振るったことで、情婦の兄とトラブルを抱え込んでいたのです。

ムルソーとレエモンが散歩中に、情婦の兄が現れ、レエモンは匕首《あいくち》で手と口に傷を負うはめになります。ムルソーは、もしも次にレエモンがこのアラビア人に出会ったら逆上し、所持しているピストルで撃ちかねないと思い、レエモンからピストルを取り上げ、自分が所持するのです。

暑い日でした。ムルソーが一人で浜へ向かうと、男がいて、彼はポケットに手を入れました。呼応するように、ムルソーも上着のなかで、レエモンのピストルを握りしめました。

「陽の光で、頬《ほお》が焼けるようだった。眉毛《まゆげ》に汗の滴《しずく》がたまるのを感じた。それはママンを埋葬した日と同じ太陽だった。あのときのように、特に額に痛みを感じ、ありとある血管が、皮膚のしたで、一どきに脈打っていた。焼けつくような光に堪えかねて、私は一歩前に踏み出した。私はそれがばかげたことだと知っていたし、一歩体をうつしたところで、太陽からのがれられないことも、わかっていた。それでも一歩、ただひと足、私は前に踏み出した。すると今度は、アラビア人は、身を起こさずに、匕首を抜き、光を浴びつつ私に向かって構えた。光は刃にはねかえり、きらめく長い刀のように、私の額に迫った。その瞬間、眉毛にたまった汗が一度に瞼をながれ、なまぬるく厚いヴェールで瞼をつつんだ。涙と塩のとばりで、私の眼はみえなくなった。額に鳴る太陽のシンバルと、それから匕首からほとばしる光の刃の、相変わらず眼の前にちらつくほかは、何一つ感じられなかった。焼けつくような剣は私の睫毛《まつげ》をかみ、痛む眼をえぐった。そのとき、すべてがゆらゆらした。海は重苦しく、激しい息吹《いぶき》を運んで来た。空は端から端まで裂けて、火を降らすかと思われた。私の全体がこわばり、ピストルの上で手がひきつった。引き金はしなやかだった」

（『異邦人』）

引き金を引いたムルソーは、汗と太陽を振り払ったことを悟ると同時に幸福を感じ、それから身動きしない体になお4発撃ち込んだのです。

ムルソーの裁判が始まると、事件のこと以上にムルソーの私生活に目が注がれます。それは、ママンの葬儀に感情を示さなかったことです。情状酌量という軽い見通しを語っていた弁護士も、その点について「うまい答弁ができなければ、告訴の有力な材料となる」とムルソーに忠告するのです。しかし、ムルソーは「ほんとのところを説明するのはむずかしい」と述べ、「私は深くママンを愛していたが、しかし、それは何ものも意味していない。健康なひとは誰でも、多少とも、愛する者の死を期待するものだ」と答えます。「太陽のせい」で引き金を引いたという自身の説明だけでなく、ムルソーの情味のない言動が裁判の行方を方向付けていくのです。

さらには、証言台に立つ第三者の供述が、ムルソーをより一層冷淡で人間性に欠ける人物像として焼きつけていくことになります。

門衛が、母親の死に涙も見せず、母親の亡骸に目を合わせようともしないで、平然と遺体の前でミルク・コーヒーを飲み、煙草をふかすムルソーの行為を語ることによって、ムルソーは冷酷な人間として陪審員に提示されることになるのです。

マリイにしても、恋人を救いたい一心から、ムルソーが情のない凶暴な性格でないことを証言しようとするのですが、彼女の意図に反し、ムルソーを無慈悲で冷酷な人物に貶《おとし》めてしまうのです。

「『陪審員の方々、その母の死の翌日、この男は、海水浴へゆき、女と情事をはじめ、喜劇映画を見に行って笑いころげたのです。もうこれ以上あなたがたに申すことはありません』相変わらずの沈黙のさなかに、検事は腰をおろした」（前掲書）

友人レエモンにしても、ムルソーを弁護するために証言台に立つものの、女性を食い物にする女衒《ぜげん》によって生計を立てる人物を友人としていたことがクローズアップされ、ムルソーの状況を悪くするだけでした。

結局、ムルソーが起こした事件の裁判は、殺人事件そのものではなく、ムルソーの日頃の言動、そして特に母親の死に際して取った行動に焦点が置かれてしまうのです。そして判決は、予審判事が最初に予想した軽いものではなく、ムルソーは極刑の死刑を宣告されます。

5 状況にあった演技

カミュは母親の死と殺人事件による死刑判決を絡ませながら、不条理という問題を私たちに提起しました。

『異邦人』を読み終えた時には、想像もしなかったことですが、現実として私の母の葬儀における私の態度は、カミュが描いた『異邦人』のムルソーそのものであったのかもしれません。

1955年1月、英語版『異邦人』には、次のようなカミュによる自序が記されています。

「母親の葬儀で涙を流さない人間は、すべてこの社会で死刑を宣告されるおそれがある、という意味は、お芝居をしないと、彼が暮す社会では、異邦人として扱われるよりほかはないということである。ムルソーはなぜ演技をしなかったか、それは彼が嘘《うそ》をつくことを拒否したからだ。嘘をつくという意味は、無いことをいうだけでなく、あること以上のことをいったり、感じること以上のことをいったりすることだ。しかし、生活を混乱させないために、われわれは毎日、嘘をつく。ムルソーは外面から見たところとちがって、生活を単純化させようとはしない。ムルソーは人間の屑《くず》ではない」（前掲書）

カミュは、状況に適した演技をとらなければ、それは死刑の宣告をされることになるというメッセージでもって社会の恐ろしさを述べています。

そのことは、ゴッフマンが指摘したように、神々が去った現代にあって、社会を構成する人間が聖なる者として敬意を示す儀式を行わなければならないのにもかかわらず、そのルールを遵守できないようなものならば、社会から袋叩きに遭いかねないということです。

エレベーターで見知らぬ人と目を合わせないことや、タクシーの運転手が求められてもいないのに乗客同士の会話に入り込んではいけないといった振る舞いは、聖なる人間に対して恐れ敬うものとして距離をおくという敬意を示すことになるわけです。また、葬儀という場では、聖なる人間への礼拝として、積極的な敬意を示さなければならないということです。

つまり、私たちは、どちらにせよ社会がしつらえた暗黙のシナリオに沿って演技をしているということになるのではないでしょうか。

深めてみよう

1　本章で触れた**儀礼的無関心**の事例以外に、どのような行為があるでしょうか。そのエピソードを、**儀礼的無関心**の概念を使って説明してみましょう。

2　通常、私たちが行っている行為は、自主的で個人的なものと考えています。本章ではカミュの『異邦人』を採り上げましたが、芥川龍之介の『手巾』を読んで、日常の行為における演技ということについて再度考えてみてください。

参考文献

アルベール・カミュ（窪田啓作訳）『異邦人』新潮文庫、１９５４年（＝１９４２年）
アーヴィング・ゴッフマン（丸木恵祐・本名信行訳）『集まりの構造――新しい日常行動論を求めて』誠信書房、１９８０年（＝１９６３年）
アーヴィング・ゴッフマン（浅野敏夫訳）『儀礼としての相互行為――対面行動の社会学〈新訳版〉』法政大学出版局、２００２年（＝１９６７年）

第5章

ラッシュ時の息苦しさ

――プロクセミックス（人間のなわばり）

前章では、状況に応じた人間の振る舞いについて議論しました。そこで本章では、同じように集まりのなかで、私たちが他者と取り合っている距離や空間に焦点をあてて、考えてみることにしましょう。

1 電車内の出来事――犯罪／冤罪

通勤・通学が重なる時間帯では、電車・バスといった公共輸送機関はたいへんな混雑ぶりで、車内は人で溢れています。この身動きも取れない状況のなかで、みなさんも嫌な思いをした経験は多くあると思います。

この混雑にまぎれた悪質な犯罪行為の一つに、「痴漢」行為というものがあります。

２０１０年８月に警察庁の委託を受けた民間の調査会社が、東京、埼玉、千葉、神奈川、愛知、大阪、兵庫の７都府県の大都市圏の居住者を対象にインターネットを通じて、痴漢被害についての調査を実施したところ、電車で通勤・通学する女性の13・７％が過去１年間に車内で痴漢被害に遭っていたというのです（『日本経済新聞』２０１０年10月14日付夕刊）。

２０１３年５月９日付の『朝日新聞』には、ＪＲ和歌山線の普通電車内で起きた痴漢の記事が報じられています。この記事は、行為それ自体ももちろんのことですが、犯罪に至った経緯に非常に驚かされます。

と言いますのも、強制わいせつ容疑で逮捕された男性（26歳）は、「インターネットで痴漢を募集するサイトを見てやった」などと供述しているからです。

「同サイトの掲示板には「痴漢してくれる人いませんか」「服装は当日朝7時過ぎに掲示板で連絡します」「後ろの車両に乗りました」などと、女性の様子が詳細に書き込まれていた。女性はこの掲示板に見覚えがなく、同署は女性になりすました悪質な記述とみて、書き込んだ人物を捜している。女性は車内で別の男からも痴漢を受けたが、この男は逃走したという」


ＪＲ和歌山線の普通電車内で起きたこの事件では、サイト内の掲示に触発されて女性（23歳）の下腹部や腹部を触るなどのわいせつな行為をしたというわけです。しかし、被害者の女性がその掲示板について見覚えがないと言っていることから、誰かが被害者の女性になりすまし、あたかも女性自らが痴漢行為を求めて掲示板に書き込んだかのように見せかけたということになります。まさに、この女性を被害に遭わせようとしたまったくもって悪質な犯罪という他ありません。

何の疑いもなくその誘いに乗る軽薄な男性がいるという事実にも驚かされますが、インターネットを使った犯罪という点からも、まさに現代社会を象徴する事件と言えるのではないでしょうか。

さて、最初に紹介した『日本経済新聞』の記事に戻りますと、回答を寄せた女性２２２１人と男性１０３５人のうち、痴漢被害に遭ったと答えた３０４人の取った行動（複数回答可）は、「我慢した」（52・６％）と「その場から逃げた」（45・１％）が主であり、理由としては半数近くが「怖くて何もできなかった」ためと回答しています。また、「周囲に助けを求めた」や「犯人を捕まえた」「駅員や警察へ通報した」など積極的な行動に出た人は２〜６％台だったと記されています。

要するに、電車で通勤・通学する、過去1年間に車内で被害に遭っていた13・７％の女性のうち、警察に通報や相談をしたのはわずか10・９％のみであったというわけです。なので、ＪＲ和歌山線の例は、閉ざされた世界で蔓延している悪質な痴漢行為が明るみにでた数少ない事例の一つと言えるのではないでしょうか。

それでは、痴漢に関する次の記事について、考えてみましょう。

同じく『朝日新聞』（２００３年4月26日付夕刊）では、帰宅途中だった明石署刑事1課の女性巡査長（28歳）がお尻を触られたため、現行犯でその痴漢男性を取り押さえたと報じています。

「帰宅途中だった明石署刑事1課の女性巡査長（28）が尻を触られ、取り押さえた。Ａ容疑者は「手が当たっただけで触るつもりはなかった」と容疑を否認しているという。

調べでは、A容疑者は25日午後10時35分ごろ、神戸―明石間を走行中の車内で巡査長に体を密着させ、左手で約6分間にわたり尻を触った疑い。巡査長は柔道初段」

『日本経済新聞』の調査結果から考えれば、この明石の現行犯逮捕は被害者のかなり積極的な行動によって実現したということになります。加えて、現行犯逮捕に至った要因としては、たまたま被害に遭われた女性が巡査長であったこと、さらに彼女が柔道初段ということが大きかったと言えるのかもしれません。

ただしかし、容疑者は取り調べにおいて、否認していると記されています。そうなると、彼が百パーセント加害者であると断定できない、いわゆる冤罪の可能性もないわけではないということです。

そのように、犯人を断定しづらい密室の犯罪行為ということが、この問題の難しさというものかもしれません。

そのことを物語る新聞記事、「痴漢、男性に逆転無罪」が２００６年3月9日付の『朝日新聞』に掲載されています。

西武新宿線の満員電車で女性に痴漢をしたとして強制わいせつ罪に問われ、懲役1年6ヶ月執行猶予3年（求刑懲役2年）とした一審の東京地裁判決をくつがえして東京高裁が無罪としたというのです。男性は、２００３年10月22日朝、西武新宿線新井薬師前―高田馬場間の電車の中で、女子高校生（当時16歳）の下着の中に手を入れるなどしたとして起訴されたのですが、「自分の左後ろにいた外国人風の男が犯人の可能性がある。人違いだ」と一貫して無罪を主張していたそうです。

無罪であったとすると、本人だけでなく家族も含めて、どれだけ社会的非難の目に曝されながら屈辱的な日々を送ってきたことでしょう。

この例からも明らかなように、見知らぬ人との集まりの場における痴漢行為という犯罪によって、多くの女性が被害者になるという悲惨な状況があるわけですが、その一方で、誤って加害者として貶められるという新たな被害者をも生み出す怖さもあるということを私たちに提示しているのです。

その恐ろしさを描いた映画に、周防正行監督による『それでもボクはやってない』（2007年公開）があります。この映画は、電車内で痴漢に間違えられた青年が、裁判で自分の無実を訴える姿とともに、冤罪を実証することがいかに困難であるかという日本の裁判制度の問題点を提起する作品でもありました。

みなさんも同じように交通機関を利用されているかぎり、いつ自分が被害者になるかもしれないこと、あるいはまた加害者として疑われる可能性もあるということです。そこで、混雑する列車に乗り合わせた場合は、常に危険と向かい合わせにある空間にいることを十分に意識しておく必要があるのではないでしょうか。

2　人との距離の取り方

公共機関での悪質な痴漢行為を例に挙げたのは、みなさんに私たちが暗黙のうちに取り合っている人との空間・距離について考えてもらいたかったからなのです。

そこで、動物の距離の取り方、いわゆるスペーシング問題を下敷きにして、人と人との距離や空間の取り方について議論した文化人類学者のエドワード・T・ホールに沿って考えてみることにしましょう。

2―1　動物における距離

一昨年の夏、私は家内と信州の蓼科高原に行きました。ホテルのフロントのお薦めもあって、2時間程度という軽めのハイキングを楽しむことにしました。

八ヶ岳の美しい稜線とその裾野に広がる茅野市の絶景を満喫した後、ホテルに帰るルート案内に沿って細く傾斜のある道を下り、道幅の広い道路に出てきた時でした。

私たちの前方50メートルほど離れたところに、体長約1メートルの黒っぽい動物がこちらを向いて立っているではありませんか。私たち以外誰もいない山のなかでの見知らぬ動物との遭遇に驚きつつ、よく眺めてみると、なんとニホンカモシカだったのです。

野生のニホンカモシカを間近に見られた喜びを抱きながらも、すぐに逃げてしまうだろうと高をくくっていました。

ところが、私たちとの距離が徐々に縮まり、10メートルほどになったというのに、ニホンカモシカはなおじっと立ったまま私たちを見つめているのです。

こうなると、出会った感動は消え失せ、「襲ってくるのではないか」という恐怖心へと変わりました。とはいえ、引き返すわけにもいかず、とっさに携帯電話を取り出し、宿泊するホテルにかけたのです。身の安全に向けた対応を問う緊急の電話にフロントの係員は動じることなく、淡々とした口調でこう答えたのです。

「出会えて良かったですね。ニホンカモシカは、愛嬌者で、人を恐がりません。もっと近づくと、逃げて行きますから大丈夫ですよ」

その言葉を信じた私たちは、ニホンカモシカにゆっくり近づき、その距離が6、7メートルに迫った時でしょうか。それまでこちらを見ながら身動き一つしなかったニホンカモシカが、突然山の方へ駆け上がって行ったのです。

ホールは、著書『かくれた次元』のなかで、私たち人間の空間・距離について議論する前提として、スイスのヘーディガーを引きながら、異なる種の動物が出会ったときに取る距離のことを説明しています。

敵が近づいてきてもある一定の距離になるまで逃げない「逃走距離」と名づけた空間・距離

（スペーシング）というものが動物にあるというのです。私たちとニホンカモシカとの間には、まさにこの「逃走距離」が横たわっていたわけです。突然、私たちに出会ったニホンカモシカとしては、彼が持つ「逃走距離」というものを私たちに侵されるまでは逃げずに見つめていたのです。ところが、「逃走距離」が侵されそうな領域に私たちが近づいたため、逃走したということです。

もちろんこの「逃走距離」は、動物によって異なります。ニホンカモシカの場合は、人がかなり間近に近づいても逃げないところから、他の動物と比較して狭いのかもしれません。そのことを、人間は都合よく「人懐っこい」などと言っているのでしょう。

ただし、ヘーディガーはこの「逃走距離」が無謀に侵されると攻撃に転じる例を、ライオンで説明しています。それは、「臨界距離」と呼ばれるもので、ライオンが持つ空間・距離としての「逃走距離」が無謀に侵されれば攻撃に転じるという境目となる狭い帯状のスペースを指します。

さらにホールは、異種間の距離ではなく、同じ種のメンバーが相互に取り合う距離について、ジェームズ島で起きたニホンジカ（以降、シカ）の大量死を研究したクリスチアンの事例をもとに説明しています。

ジェームズ島とは、アメリカのメリーランド州ケンブリッジから西に約14マイル、チェザピーク湾の沖合1マイルほどのところに横たわる、面積ほぼ0・5平方マイル（280エーカー）の無人島のことです。この島に、1916年に、4、5頭のニホンジカが放たれたのですが、自然繁殖によってシカはなんと280～300頭に増えたのです。ということは、1エーカー（約4

047平方メートル）の土地にシカ1頭の割合となるわけです。生物学者はこの増殖に驚きました。と言うのも、300頭ほどのシカに相当する広さとなれば、ジェームズ島はあまりにも狭過ぎると思われたからです。

そこで、この異常なまでの生息数に疑問を抱いたクリスチアンは、1955年、研究に着手します。5頭のシカを射って身体の器官の組織をくわしく調べるだけでなく、シカの体重や胃の内容物なども記録に残しました。56、57年と何事もなかったのですが、58年に入って、突然3ヶ月の間に、半数のシカが死亡しました。さらに、次の年にもシカが死んで、総数約80頭のラインで落ち着いたのです。

どうして2年の間に190頭ものシカが死亡したのでしょうか。

捕まえたシカは筋肉も発達しており、脂肪も蓄えられていましたので、飢えが原因ではありません。以前に調べたシカと比較しても、外見上はそっくりだったのです。

ただ一つ違っていたのは大量死前のシカより生き残ったシカの体重は重く、約1・3倍ありました。

その上、臓器である副腎の重量が、大量死後に残ったシカは大きく減少していることが分かったのです。副腎は、成長、生殖、身体の防御力を調節するのに重要な働きをする器官です。ところが、副腎の大きさや重さは一定ではなく、ストレスに対応して変化するのだそうです。つまり、動物があまりにもストレスにさらされると、副腎はこの緊急事態に対応しようとするあまり、機能亢進に陥って肥大化してしまうというのです。

クリスチアンのデータ分析から、ジェームズ島のシカ大量死は、伝染病でも、飢えでもなく、ストレスによって引き起こされた副腎の機能亢進であったことが判明したのです。では、どのようなストレスがシカに負荷されていたというのでしょうか。

1958年2月は厳しい寒さでした。ただでさえ、シカは寒さによってストレスを引き起こすわけですが、加えて厳寒だったためジェームズ島と大陸を阻む海温は非常に冷たかったのです。いつもなら、あまりにも狭すぎる島の高密度を一時的に緩和するため、シカは大陸に泳いで渡っていました。ところが、この2月がシカにとって低すぎる海温のせいで、狭いジェームズ島に閉じこめられたままだったのです。つまり、ストレスを解消する手だてであった大陸への行き来ができなかったわけです。

このように、シカ同士で保つ正常な距離がまったく取れなくなったストレスによって、副腎は臨界限度を超えてしまい、大量死という結果を招いたとクリスチアンは説明するのです。

シカは群れをなして生活しているわけですが、群れの仲間との間には距離を置いて生活します。このように距離を取って群れをなす動物のことを、非接触動物と言います。

非接触動物が群れをなしながら仲間同士の間で保つ距離のことをヘーディガーは「個体距離」と呼んでいます。つまり、ジェームズ島のシカの大量死を説明すると、非接触動物はこの「個体距離」という一定の距離が保てないと生きていけないということを示した事例になるわけです。

ただ、同じように群れをなして生活していても、アザラシは違います。アザラシは、シカのように、仲間との間の空間・距離を保ちながら生活する非接触動物とは違って、海岸に揚がると互いの身体を寄せ合っています。つまり、接触動物なのです。なので、アザラシはジェームズ島のような不幸な出来事には至らないというのです。

ヘーディガーは、この「個体距離」とあわせて、「社会距離」と名づけられる空間・距離があると言います。

シカと同じように非接触動物である羊や牛、馬なども、群れを作って生活しています。彼らが群れをつくるのは、群れを離れて個になると捕食者に襲われてしまう危険があるからです。このように、自分の仲間たちからなる群れと、別の仲間の群れとの間で保たなければならない距離が「社会距離」です。

それでは、次節で、人と人との間で取り合う空間・距離について考えてみることにしましょう。

2―2　人間における距離

ホールは、動物である人間もまた同じように社会性をもった非接触動物であるとして、動物のスペーシングをあてはめて人間の取る距離について議論を展開します。

「女性なら誰でも御存知のように――男性が恋心を抱きはじめた最初の徴候は、彼が彼女の方へ近寄って行くことである。女性が同じ感情を抱いていなかったら、後ずさりすることでその事を示すのである」

（『かくれた次元』）

ホールが指摘するまでもなく、私たちには自然と身についた人との距離の取り方があることをなんとはなしに知っているわけです。つまり、意識してはいないものの、人との距離を取らなければならない「かくれたルール」、すなわち「暗黙のルール」というものがあるということを感じているのです。そして、そのルールに従って生活をしているわけです。ということは、もしもそのルールを犯したならば、トラブルを引き起こすことになりかねないということも暗に分かっているのではないでしょうか。

「あらゆる分類体系の背後には、データの性質およびその組織の基本型についての理論もしくは仮説が存在する。プロクセミックスの分類の背後にある仮説は、動物は、人間をも含めて、なわばりと名づけられる行動を示す性質をもつということである。そのようにする場合、動物は空間もしくは距離を互いに区別する感覚を用いている。そのとき選ばれる特定の距離は相互作用、すなわち互いに交渉しあう個体の関係、そのとき何を感じ、何をしているかにもとづいている」

（前掲書）

ホールは、これまで人間が自分の周りにパーソナリティの延長として、空間・距離なるものをもっていることを明確に採り上げることなく、見過ごされていたと言うのです。そして、自らはこのパーソナルスペース研究を「**プロクセミックス**（近接学）」と名づけて考察しました。

合衆国北東沿岸生まれの人びとの観察と面接から、ヘーディガーが鳥類や哺乳類の距離を、逃走距離、臨界距離、個体および社会距離に分類したように、密接的、個体的、社会的、公衆的な距離帯という四分法でもって説明します。

この四つの分類の概要を、紹介したいと思います。なお、ホールは、この四分類の下位分類として、それぞれ近接相と遠方相を置いて説明していますが、ここでは概括的に四分類を説明するにとどめます。また、ホールはフィート表示で述べているのですが、私たちにはなじみがないため、メートル表記とします。

まず**公衆距離**です。約3・5メートルを超える距離で、この距離以上人と離れると、敏捷なものは脅かされたとき逃げるか防ぐかすることができるという距離です。この距離からは、相手の肌の細かい状態などは分かりません。

さらに、公的に重要な人物と距離を取る場合は、その周りには自動的に約9メートルの隔たりが置かれていると言います。そう言われれば、スターや、アイドルが舞台に立った場合、観客との間にはこのような距離が保たれていることが納得されるのです。また、大学での授業でも、教卓を挟んで学生との距離が取られているのもこの**公衆距離**に基づいているのでしょう。

次の**社会距離**は、**公衆距離**の約3・5メートル以内で、約1・2メートル以上となります。約1・2メートル以上離れますと、相手の顔の細部に至るまで見て取ることができません。また、特別な努力でもしないかぎり、相手に触れたり触れようとしたりすることもできません。上司との距離となると、この**社会距離**はその範囲内でも遠方の距離となります。

それゆえ、上司の事務机は、秘書や訪問者を遠ざけるのに十分な大きさになっていて、標準サイズの机でも約2・4～2・7メートルあるというのです。

この距離だと、相手の顔全体が見て取れるため、視線を移動させる必要もありません。もし相手の目を受け止めるのに失敗することになれば、それは相手を避けることとなり、談話を滞らせてしまうことになるからです。

ということで、**社会距離**の最大値は、人を互いに隔離し遮断することであり、この距離を取れば、人前で仕事を続けたとしても失礼にはならないことになると言います。

個体距離とは、ヘーディガーが、非接触性種が同種メンバーと恒常的に取る距離のことを指した用語のことでした。小さな防御領域のことで、要するに生物が自分と他者との間に保つあわ《バブル》のことです。人間に置き換えますと、片方の人が手を伸ばせば、相手に触れる距離から、両方の人が互いに手を伸ばして指が触れ合うまでの距離の76センチメートル～約1・2メートルの範囲だとホールは言うのです。

これは本当の意味での身体的支配の限界であり、私たちはほぼ手を広げた空間を持たないと落ち着いた生活ができないということになります。相手に、自分の体温も匂いも感じさせない、また自分も感じないで済む距離と言えるでしょう。

ただし、ホールは、76センチメートル~約1・2メートルの余裕のある範囲より狭い約45センチメートルまでの空間・距離も**個体距離**と呼んでいます。この距離範囲では、自分の手足でもって他の人に何かをしかけることができます。夫婦関係にある場合、特別な愛情表現を示すわけでなくとも、通常この距離帯に入っても嫌な感覚は生じないという観察をもとにして、ホールは約45センチメートルまでを**個体距離**としました。つまり、家族間では約45センチメートルまでの距離は許容できるということです。

四分法の最後の距離分類として、45センチメートル以下の接近、すなわち**密接距離**があります。この距離に侵入するということは、相手の存在がはっきりとして、匂い、体温、息づかいまでが感じ取られ、他人と密接に関係しているという明確な信号になるとホールは言うのです。

それでも、15センチメートル以上離れていれば、頭、腿、腰等が簡単に触れ合うことはないわけですが、手で相手の手に触れたり握ったりすることはできます。声は、低いレベルとなり、時にはささやきになります。かなり親密な関係のなかでの距離ということで、互いに許し合う関係でもないかぎり、通常この距離は取りません。

「嗅覚と放射熱の感覚だけとなる。そしてこの二つの感覚は鋭敏になる。最大限の接触相にあっては筋肉と皮膚がコミュニケーションをおこなう。腰、腿、頭が用いられることもあり、腕で抱きしめることもある」
（前掲書）

上記のような15センチメートル以内の説明を聞くと、赤ん坊を抱き寄せる母親を思い出す人もあれば、恋人どうしの姿を思い浮かべる人もいると思います。いずれにしても、極めて親密な関係でしか取らない距離であるということは確かです。ホールも、愛撫、慰め、保護の距離として述べるのですが、同時にこの**密接距離**は「格闘」の距離でもあると指摘しています。

たとえば、荒っぽい輩《やから》が、自分の意に沿わない相手の顔に向けて、鼻が触れんばかりに自分の顔を寄せながら「やんのか、こら！」といった光景、またプロスポーツの世界で判定をめぐって審判にくってかかる選手たちの光景などが、ホールの述べる格闘を示す距離ということです。つまり、相手の**密接距離**内に入ることによって、威嚇《いかく》ないし攻撃をしているというのです。

3　距離の調節

人間には、場面や関係性によって、他者との距離があることについてもホールは言及していま す。そこで、ホールに依拠して、日常で生じる距離の問題を、本章冒頭で採り上げた痴漢問題にも触れながら、読み解いてみることにしましょう。

誰もいないプラットホームに立った時のことを考えてください。

通常私たちは、乗車位置を示すマークのところで電車を待ちます。自分の気にいった車両のマークのところに立っていて、プラットホームには誰もおらず、他に乗車マークの場所がたくさんあるのに、突然見知らぬ人が自分の横に立ったとしたら、みなさんはどのように感じますか。私は、何かしら嫌な気がします。

それは、このような場では当然3・5～1・2メートルぐらい離れて当然と思っているからではないでしょうか。同じように、がら空きの列車の端に座っていて、見知らぬ誰かに同じ列の、それも近くに座られたら、それだけで不審者ではないかと思ってしまいます。この不快感は、本来公衆の場において保ちたい距離である**公衆距離**はおろか、**社会距離**までが侵されていることによって生じたということです。

ところが、通勤・通学時の車内にあっては異常なくらい混雑しているわけで、誰もが自己の身の安全とする約1・2メートルはおろか、45センチメートルという死守したい最後のラインの**個体距離**すら確保できないわけです。言い換えますと、本来親密な関係でしか取らない**密接距離**に、見知らぬ誰かが侵入している状態であるということになります。ホールに言わせれば、この距離になると「筋肉と皮膚がコミュニケーションをおこなう」ことになってしまったということです。

親密な関係でない人と**密接距離**を取らなければならなくなったということは、ストレスが高まって当然です。さらに、**密接距離**のもう一つの機能である「格闘」がいつ引き起こされるかもしれないということです。
このような**密接距離**が引き起こす危険性を視野に入れて議論するホールは、次のような警鐘を私たちに投げかけています。

「成人の中産階級のアメリカ人は、たとえ自分らの子どもが自動車や浜辺で親密にインヴォルヴし合っているのを見ていても、密接距離を公けに用いるのを適当だとは思わない。混んだ地下鉄やバスは互いに知らない人々に、普通なら親密な空間関係に入れられるような距離をとらせている。しかし地下鉄の乗客は公共運輸機関内での親密な空間から、真の親密さを取除くような防御手段を講じる。基本的な戦術は、できるだけ動かないことであり、胴体の一部や手足が他の人に触れたときは、できれば引込める。そうできないとき、その部分の筋肉は緊張する。非接触性のお歴々の面々が、姿勢をゆるめて、知らない人との身体的接触をたのしむのはタブーである！　満員のエレベーターでは手は脇へ下ろすか、身体を安定させるために手すりをつかむかである。目はあらぬ方を見やり、他人には一瞥するだけである」
（前掲書）

よくよく考えれば、近代になって大量輸送手段に頼らざるを得なくなりました。都市に引き寄せられる朝、そして都市から郊外へと帰宅する夕刻の時間帯は、電車の混雑は当たり前の日常となったわけです。また、学校内にしても**個体距離**の空間も保障されない狭い教室に長い時間閉じ込められているわけです。もちろん、職場においても同じような空間に押し込められている人もいるでしょう。

その光景は、ただ餌を食べ、卵を産み続けるしかない哀れな養鶏場の鶏と重なります。家畜動物と同じように、私たち人間も飼い慣らされた環境世界に追いやられているということです。

現代では、ホールの警鐘に耳を傾ける余裕すらなくなりつつあるのではないでしょうか。そのことは、言い換えますと、現代は苛立つ人々で満ち溢れているということです。

深めてみよう

1　ホールは、南米の人など地域や民族によってプロクセミックスは異なることを指摘しています。日本人に置き換えてみた場合、ホールの唱える空間・距離は同じでしょうか。それとも異なるでしょうか。また、関東、関西といった地域によって、ホールの四分法の距離帯の幅に違いがあるのでしょうか。さらには、都会や郊外、世代間ではどうなのかも考えてみましょう。

2　時間概念についても、地域や民族によって異なるのではないでしょうか。自分たちで調べて、その背景にあるそれぞれの社会・文化について考えてみてください。

参考文献

エドワード・T・ホール（日高敏隆・佐藤信行訳）『かくれた次元』みすず書房、1977年（＝1966年）
奥村隆「儀礼論になにができるか」奥村隆編『社会学になにができるか』八千代出版、1997年

第6章

色メガネで社会を見ていない?

――つくられる現実

1 血液型と性格

「あなた、A型でしょう！　分かるわ。几帳面やもの」

「あいつ変わってるやろ。B型やで！」

みなさんの日常ではよくこのような会話をしていませんか。私の女友だちにも、血液型で人をみる子がいて、知り合うとすぐに血液型を言って楽しんでいました。ただし、このような会話の前提になっているのは、「血液型で性格が決まる」ということです。

ちなみに、一般的によく言われている血液型による性格を学生さんに聞くと、「A型は几帳面」「B型は変わり者」「O型はおおらか」「AB型は二重人格」だそうです。この通説でもって友人の血液型を当てることができると、ドヤ顔で自己の洞察力を自慢する子も多くいるのではないでしょうか。つまり、相手の言動を観察しながら性格を読み取り、そこから世間で定義づけられている血液型性格判断にあてはめて血液型を言い当てている人がいるというわけです。

はたして血液型と性格との関連性に科学的な裏づけがあるのでしょうか。

そもそも、血液型と性格の関連性については、1927（昭和2）年に古川竹二が『心理学研究』に「血液型による気質の研究」を発表したことに端を発します。この論文はかなり反響を与えたようで、古川論文の後、５、６年の間に血液型と性格に関する学術論文が３００以上も出ています。

ところが、古川論文に触発された世界中の学者たちが調査研究をしたわけですが、結局のところ血液型と性格の関連性を実証することはできなかったのです。つまり、古川仮説は学術界に強烈なセンセーションを巻き起こしたものの、戦前の早い段階で否定されていたのです。にもかかわらず、現代日本の日常生活のなかでは、血液型による性格判断言説なるものが自明のごとく語られているのです。まさに、不思議なジャパン・オリジナル現象と言えるのではないでしょうか。

では、どうしてまた、遠い過去において学術的に否定された「血液型と性格との関連仮説」（以後、血液型仮説）なるものが、日本において脈々と受け継がれ支持されているのでしょうか。

古川竹二による血液型仮説はすでに昭和初期に葬られていましたので、日本においても長らく語られることがなかったのです。ところが、１９７１（昭和46）年に能見正比古が『血液型でわかる相性』を出版しました。すると、またたく間にリニューアルされた血液型仮説が日本の人々に支持されたのです。つまり、学術的ではなく、社会的に広く受け入れられたということです。

私たちが血液型で性格が異なるとする言説を受け入れているのはなぜでしょうか。

実際の生活経験のなかから、はっきりと血液型の違いと性格には関連があると導きだしているからでしょうか。それとも、前もって、血液型の違いによって性格が異なるという枠組みで見るからそう見えるということなのでしょうか。

どうも私には、人物の持つさまざまな性格側面があるのにもかかわらず、通説として共有される血液型に沿った性格のみに注目して見ているからこそ目に入るということではないのかと思えるのです。言い換えますと、他の性格側面には目を向けず、通説とされる血液型に合った性格を熱心に探し出して見ているのではないかということです。

2 環境イメージ

通常、私たちは主体的に自己を取り巻く環境を観察しながら、現実を判断し、行動していると思っています。そのことに、疑いを投げかけた人に、ウォルター・リップマンがいます。リップマンは、自分が所属する集団内で流布する考えやイメージに沿って現実環境を判断し、行動すると言うのです。その説明に向けて、彼は非常に興味深い事例を採り上げています。

１９１４年のことです。大洋に浮かぶとある島には、イギリス人、フランス人、そしてドイツ人が共に暮らしていました。島民たちにとっては、自分たちが住んでいる島の外界を知ることができたのは、唯一、ふた月に一度イギリスから訪れる郵便船だけだったのです。

９月に入って、郵便船を待つ島民たちの話題は、『フィガロ』の編集長ガストン・カルメットが蔵相ジョゼフ・カイヨー夫人に射殺された痴情事件の裁判の行方でした。と言うのも、２ヶ月前の便では、「判決近し」と報じられていたからです。

それゆえ、９月半ばにやってきた船には、多くの島の人々が判決の結果を求めて集まってきました。裁判の行方を話題にする島民たちにとって、現実環境としての平和な島の日常にまったく疑問を抱くことなどなく過ごしていたのです。

ところが、ふた月に一度やってくる定期便の空白の期間において、すでにヨーロッパは第一次世界大戦に突入していました。つまり、郵便船が来る６週間以上も前からイギリス・フランス両国民はドイツ国民と戦闘状態に入っていたのです。ところが、島の住民たちは、互いに敵とも知らず、平和な、そして不思議な６週間を過ごしていたというわけです。

このような例を挙げながら、リップマンは「**疑似環境**」と名づけた環境イメージを提示します。対象となるものが時間的にも空間的にも閉ざされていたり、対象そのものがあまりにも複雑で捉えきることができなかったりした場合には、自己の頭の中にその対象に代わる都合の良い環境イメージを構成するというのです。

事例にあてはめると、島民たちは、平和な日常という現実から世界が戦争に突入しているなどまったく思いもしなかったわけです。まさに平和であるという自分たちの頭に映じた世界像を信頼していました。島民たちは、敵となった戦争状態の現実環境をイメージすることなく、平和なものとする環境イメージを抱き、そのイメージに沿って現実を形成していたということです。つまり、人間は、リップマンが「疑似環境」と名づける環境イメージに対応させて行動するというわけです。

未知の事物や状況に出会った時、人は所属する集団内で広く受け入れられている普遍的で画一的な観念やイメージに頼り、それらの意味を確定しようとします。まさにこの時に、現実を恣意《しい》的に選びとってイメージ化していくわけで、この傾向をリップマンは**ステレオタイプ**(stereotype)と呼んで、次のように言及しています。

「われわれはたいていの場合、見てから定義しないで、定義してから見る。外界の、大きくて、盛んで、騒がしい混沌状態の中から、すでにわれわれの文化がわれわれのために定義してくれているものを拾い上げる。そしてこうして拾い上げたものを、われわれの文化によってステレオタイプ化されたかたちのままで知覚しがちである」

(『世論』)

野村一夫(『社会学感覚』)に依拠して、リップマンのステレオタイプを説明しますと、次のようなことです。

はじめて動物園に行って象を見てきた子どもに、おかあさんが「象を見た?」と尋ねると、子どもは自慢げに「象の鼻は長かったよ」と答えるものです。しかし、観察してから定義するとすれば、象が持つ長い足のことや、つぶらな瞳、さらに体毛が生えていることなどにも気づくようなものなのに、子どもは、そのようなことにほとんど気づいていないのです。子どもたちは、象は鼻が長い動物として教えられてしまっていたがゆえに、現に見えているものからたったひとつの要素に過ぎない長い鼻だけを見ていたというわけです。

3　チョンマゲとカツラ——時代によるまなざしの変容

日常の世界で、年齢を聞いて「えっ。嘘でしょう。そんな歳《とし》に見えない。若い！」といった会話が、あたかも気の利いた挨拶のごとく交わされているのを見かけます。最近は、アンチエイジング（抗老化療法）というのでしょうか、多くの人が老化を防ぎ、肌をみずみずしくする効果があると言われている食べ物や商品に敏感に反応しているようです。そのこともあってか、医療や美容、健康の分野で、老化の予防と改善を訴えるコマーシャルを頻繁に目にします。

漫才コンビの海原はるか・かなたをご存知でしょうか。かなたさんが、一・九分け（?）で整えたはるかさんの髪の毛めがけて勢いよく息を吹きかけると、はるかさんの隠れていたハゲが暴露されるという芸がウケルのも、否定的に見られる「老い」を隠そうとする現代人の姿を逆手にとった笑いとも言えるのではないでしょうか。また、その笑いは、世の中にアンチエイジングが浸透している証でもあります。

社会学者の上野千鶴子は、現代の人々が老いることに抗って、髪が薄くなるのを嫌う現象を、近代以前の成人男性の髪型であるチョンマゲを採り上げながら議論しています（『老いの発見2』）。上野の議論は以下のものです。

蒙古人の弁髪にならぶ世界の奇髪と言うべき風俗であるチョンマゲが、どうして生まれたのかという問題意識から論を展開していて、月代《さかやき》を剃り落として頭頂部の周囲に残った髪で髷《まげ》を結う近世日本の成人男子習俗のチョンマゲこそ、老人の禿頭を若者が先取りして取り入れた髪型であると述べます。というのも、早く自分も老人のような思慮深い人物になりたいという憧れからきているというのです。

この老人への憧れがつくり出す髪型は、中世の西欧においても、同様に見られると指摘します。それは、成人男子が公的な場に現れる際につけていた白髪のカツラのことです。

私が小学校の高学年になった時、音楽の授業は専科の先生によって音楽室で習うことになりました。音楽室へ行くと、音楽家の肖像画が壁に掲げてありました。ところが、さまざまなウェーブとはいえ、みんな白髪の頭をしていたのです。不思議でした。しかし、次のように解釈したのです。

「音楽家というものはみんな年老いてから有名になるんだ」

ところが、白髪の音楽家たちの中でベートーベンだけが自然な黒髪だったのです。なので、ベートーベンは音楽界では画期的な存在で、「若くして有名な音楽家になったんだ」と勝手に納得していました。

私が、ベートーベン以前の音楽家たちが白髪のカツラをかぶっていたということを知ったのはずっと後のことです。

17世紀から18世紀なかばのバロック音楽の時代のバッハやヘンデルなどの音楽家は、貴族たちが権威を示すために公式の場に出るときに白髪のカツラをつける奇習に倣って、かぶっていたというわけです。

上野によれば、この西洋における白髪のカツラにしても、豊富な知識と経験に裏打ちされた権威ある老人への憧れから生じたものであると言うのです。つまり、西洋における白髪のカツラ、そして日本のチョンマゲは、共に老人への憧れの髪型だったのです。

ところが、その風俗が近代と共に変わってしまいました。そのことを、上野は次のように述べます。


「日本はこの百年の間に、急速にチョンマゲの時代から「アデランス」の時代に変わった。老人の地位の低下は、風俗の上でも「老けて見えること」の価値を、プラスからマイナスへドラスティックに転換したのである」

（「老人問題と老後問題の落差」）


老人に対する大きな変化は、伝統的な農業社会から工業社会に転換したことによるものであると上野は説明します。言い換えますと、社会的な老人に対する価値観の変化が、人々の老人を見る〝まなざし〟に変化を及ぼし、そのことを受けて老人を象徴とする髪型は消えてしまうことになったというのです。

このように、それぞれの時代において創造された人間社会の価値観、規範、文化を媒介にして、同じ対象を見る私たちのまなざし（＝知覚）は変化します。

もう少し、時代によって現実を捉える知覚が変容していくということに着目しましょう。

4 カラスへのまなざし

みなさんは、カラスについてどのような印象をもたれているでしょう。

道路を歩いていると、大きな黒い物体のカラスが頭をかすめるように飛んで来て、ドキッとしたことはありませんか。人間が近づいても、ゴミに顔を突っ込んで、我が物顔でなかなか飛び立たないカラスは、私もどうも苦手です。ところが、そのカラスと人間には非常に友好的な関係があったのです。

「天声人語」（『朝日新聞』２００１年5月9日付）には、次のようなことが書かれています。

「人間とカラスとのつきあいは長いが、いまほど厳しい緊張に置かれたときはないのではないか。険悪な状況である。東京都は去年に続いて9日から、ヒナや巣を除去する「緊急捕獲作戦」を開始する▼戦いを仕掛けたのはカラスだ、とは都の言い分だ。不遜《ふそん》にも、人間を威嚇したり、襲ったりする。一時的な強硬策もやむを得ない。つまり正当防衛である、と▼カ

> ラスの方も「カラスの勝手でしょう」と開き直ってばかりはいられない。言い分はあろう。街中にごちそう（ゴミ）があふれている。「どうぞ、いらっしゃい」と誘われているようなものだ。都合が悪くなると、一転「除去」とは何ごとだ、と。人間を襲う不届きカラスはごく少数派だ。「人間の勝手だ」と言いたくもなろう▼人間とカラスとが平和共存した牧歌的な時代を思い起こす。たとえば大正時代だ。だれもが知っている童謡「夕焼小焼」（中村雨紅作詞）では「烏《からす》と一緒に帰りましょう」と手をつないで家路をたどった▼同じころ、野口雨情作詞「七つの子」では、子を思うカラスが「可愛　可愛」と啼《な》いた」

カラスが日本の歴史のなかで、その存在価値が変わっていく姿をよく表しています。このような指摘を受けますと、小さい時に歌ったなつかしい童謡には、カラスへの友好的な思いが込められていたのだと今さらながら驚きます。しかし、「天声人語」で指摘されるまで自覚がなかったのは、おそらく歌詞の意味など気にも留めず、ただ口ずさんでいただけなのでしょう。

平和共存から反転してカラスが悪者に変わったわけですが、はっきり言えることは、カラス自身が変わったわけではありません。カラスに対する私たち人間の見る目が変わったのです。それも、私たちの生活の変化がカラスを邪魔者にしてしまったということです。

このように、私たちは、時代や地域に縛られているある種の価値観によって、ある対象に対する偏った知覚をつくり出し、その結果、ある種の社会現象を生み出す可能性があるのです。

5　ブラックバスは善なの？　悪なの？

知覚の問題は、社会と人間との関係を論じる社会学にとって非常に興味を引き立てるテーマです。と言いますのも、同じく『朝日新聞』の「声の欄」に掲載された会社役員の松野孝一さん（60歳）による「ブラックバス　意外な効用も」（2001年9月2日付）を採り上げてみることにします。

「家の上空でピーヒョローローとトンビが鳴いている。大阪から来た友人はへエーと言う。初めて聞いたとのこと。

1年ほど前、町内からごみを遅く出してほしいとの連絡があった。朝早いと、カラスが袋をやぶり、ごみを散らかすからである。しかし、いま、トンビが飛んできて、カラスが減った。トンビはカラスにとって天敵なのだ。

トンビが増えたのは、えさのブラックバスが琵琶湖に豊富にいるかららしい。釣り人が放した、弱ったバスを狙っている。風が強い日、浜大津港や雄琴港にたくさんのトンビがやってくる。波が強く、湖底から弱ったバスや死がいが流れてくるからだ。

湖北では昨年の冬、シベリアなどから飛来したオオワシを3羽、確認できたという。やはり、ブラックバスがえさだ。
ブラックバスは天然記念物のオオワシを守り、ごみ荒らしのカラスを追い払っているのである」

ブラックバスは、身体の割に引きが強く、ルアーによる釣り人には好まれる淡水魚です。しかし、外来生物であり、魚食性が強いという説もあって、在来生物および生態系に影響を与えるとして通常悪魚のイメージが浸透しています。特に、アユ、ブナ、モロコといった魚を対象とする琵琶湖漁民にとって、漁獲量の減少は密放流などによるブラックバスの増加に原因があると考えられています。

ところが、松野さんは同じように琵琶湖を臨む大津市に住まわれていながら、ブラックバスに対する漁民の思いとは真逆です。なぜでしょうか。

松野さんは会社役員で、漁民とは社会的位置が異なります。なので、松野さんの位置から見れば、アユの漁獲量は目に入らず、カラスの天敵のトンビが飛び交うことが重要問題なのです。その上、天然記念物のオオワシを眺められるとなれば、最高の喜びです。それゆえに、松野さんの理想の風景を生み出すブラックバスは善魚として知覚されることになるのです。

そのことは、釣り業者にとっても、ブラックバスによって釣り具の購買を高めることになるわけで、自己の利益をもたらすブラックバスは善魚となるのではないでしょうか。つまり、善か悪かは、対象となるものの実体によってではなく、それを知覚する人間の価値観によって決定づけられることを意味します。

ということで、私たちの知覚は、常に時代や社会によって、また社会的位置によって、バイアス（偏り）のかかったものとなるのです。

6 つくりだされる現実

血液型と性格の関連性の問題から端を発して、私たちの現実を捉える問題について、時代や社会的位置を介して議論してきましたが、ここで、もう一度血液型に戻ってみることにします。

2013年2月に亡くなられた歌舞伎役者の12代目市川団十郎さんが、白血病を克服され、舞台復帰される時のことが「天声人語」（『朝日新聞』2008年12月17日付）で採り上げられています。


「歌舞伎の市川団十郎さん（62）の血液型が、AからOに変わったそうだ。貧血の治療で、O型の妹さんから造血幹細胞を移植した結果という。新春の復帰公演に向けた会見で「A型とO型で演技が違うのか、じかに確かめてほしい」と楽しげに語った」

血液型関連の本がこの年ベストセラー10位のなかに3冊も入ったことからも、いかに日本の人々が血液型と性格との関連に対して関心が高いかということが分かります。それにしても、12代目市川団十郎さんが治療によって血液型が変わったことに関する談話は、非常に興味深いものだと思いませんか。

もし、血液型と性格に関連があるとするなら、12代目団十郎さんは性格が変わり、演技も当然それにともなって変化するであろうということになるはずです。私たちは、社会によってつくられた色メガネをかけて世の中を、あるいは人々を見ていないかどうか、常に考える必要があるということではないでしょうか。

深めてみよう

1　本章で採り上げた例以外で、同じ生き物や現象でありながら時代や社会によって異なる価値意識で見られている例を探してください。そして、その理由を考えてみましょう。

2　信仰心がないと言われる日本の若者ですが、占いやおみくじ、さらにはパワースポットへの関心は高いようです。それは何故でしょうか。仮説を立てて、調べてください。

参考文献

ウォルタ・リップマン（掛川トミ子訳）『世論　上下』岩波文庫、１９８７年（＝１９２２年）
佐藤達哉「ステレオタイプとしての血液型性格判断」岡隆・佐藤達哉・池上知子編『現代のエスプリ　偏見とステレオタイプの心理学』３８４号　至文堂、１９９９年
能見正比古『血液型でわかる相性――伸ばす相手、こわす相手』青春出版社、１９７１年
野村一夫『社会学感覚』文化書房博文社、１９９２年
岩本茂樹『戦後アメリカニゼーションの原風景――『ブロンディ』と投影されたアメリカ像』ハーベスト社、２００２年
上野千鶴子「老人問題と老後問題の落差」伊東光晴他編『老いの発見２　老いのパラダイム』岩波書店、１９８６年

第7章

趣味に序列がある?

——日常における異文化遭遇

1 卵焼き

私の家の卵焼きは、醤油と砂糖がたっぷり入った甘いものでした。中学校は給食ではなく弁当だったので、おかずと言えばみんな定番の卵焼きが入っていました。級友たちの卵焼きは黄から茶といった色の幅があったにせよ、その違いは単に醤油の量や焼き加減の問題であり、自分が食べている味と変わらないものと思っていました。

ところが、高校生になった時です。私の横で弁当を広げて食べている女子生徒の卵焼きが目に入りました。なんと灰色。そして、そのうえ小さな黒っぽい斑点模様があるのです。思わず目が点になりました。中学時代とは違って高校生ともなると、私は異性とも恥ずかしがらずに話せるようになっていました。そのこともあってか、卵焼きを食い入るように見つめていたことに気づいた彼女は、私の卵焼きに目をやり、「比べっこしようか」と言ってきました。それで、互いにそれぞれの弁当から卵焼きを一切れずつ取ることになったのです。

彼女の卵焼きを口にした瞬間、衝撃が走りました。スパイスが強力に効いていたのです。

彼女は彼女で、私の卵焼きをほおばり、思わず「甘！」と叫んでいました。

よく聞いてみると、彼女の家の卵焼きは、塩と胡椒を入れるというのです。それで、卵焼きの色が胡椒の灰色を帯びていたのだと納得しました。

同じ卵焼きを食べていながら、それも同じ日本の同じ地域に住んでいるのに、こうも違うものかと驚きました。その後、彼女と卵料理が話題になり、〝目玉焼き〟の話になりました。

私の家では、〝目玉焼き〟は両面を焼き、そして醬油をかけて食べます。それを聞いた彼女は「そんなの、〝目玉焼き〟じゃない」と異を唱えてきました。彼女は、黄身がくっきりと輝くからこそ、〝目の玉〟に見えるわけで、だからこそ〝目玉焼き〟だと言うのです。フライパンに卵を割って入れ、そこに塩と胡椒をかけ、お水を入れてフライパンに蓋をする料理法から、片面だけ焼けた目玉くっきりの目玉焼きができると教えてくれました。彼女にしてみれば、水を使って蒸すようなことをせずに両面を焼く我が家のような〝目玉焼き〟では、黄身が白い膜の下に隠れて〝目玉〟とは言えないから、「〝目玉焼き〟ではない」というわけです。

このエピソードは、以下のことを物語っています。

私たちは他者との会話のなかで、仮に料理品目が登場すると、互いに知っている料理であるかぎり理解しあってはいるのです。しかし、個々の頭の中に描かれた料理は自己の経験に基づいたものでしかないということです。

つまり、私が「朝、〝目玉焼き〟を食べた」と語った場合、両面焼きを意味しているわけですが、相手の家での料理法が片面であれば、相手は片面の〝目玉焼き〟を頭に描きながら納得しているということです。そして、味にしても卵焼きの例と同じように、自分の家の味を連想しながら納得しあっているということなのです。

2 コーヒー

卵焼きの違いならば、単に家庭の料理法の違いから生じたものでしかありません。たとえばカレーライスにしても、醬油を入れる派からウスターソースを入れる派もあれば、生卵を入れる派などもあります。たこ焼きにしても、キャベツを入れる派から、チーズを入れる派、さらにこんにゃくを入れる派など、料理法や食べ方の違いを挙げれば枚挙に遑《いとま》がありません。

しかし、次に述べます私の大学時代の思い出に関して言えば、そのような単なるフラットな差異に落とし込めない問題が浮き彫りとなるのです。

大学に入学して間もない5月半ばのことでした。たまたま基礎演習で同じクラスの女性と大学前の喫茶店に入ることがありました。私の生活の場が、関西とはいえ大阪や神戸といった都会から離れた奈良だったからでしょうか、それまで喫茶店での自分の作法にまったく違和感を感じたことがなかった私は、その日も当然のように振る舞いました。

大阪市内から来ている彼女がホットコーヒーを注文したので、私も合わせて同じものを注文しました。コーヒーがテーブルに置かれると、彼女は砂糖の入った陶器の蓋を開け、スプーンに砂糖を掬いながら私に「いくつ?」と聞いて来たのです。

私「あっ。５杯」
女性「えっ。５杯？」
私「うん」
彼女の男性に対する手慣れた気配りに、私は驚きましたが、彼女は彼女で、私の要求した砂糖の量に驚いたのです。
私の家は、卵焼きで触れたように甘党です。なので、コーヒーにもスプーン５杯のたっぷりの砂糖を入れていました。そのことに、私はなんの疑いも抱いていなかったのです。次に、彼女はミルクの入った容器をとりあげて「ミルクいる？」と聞いてくれました。
私「あっ。うん」
女性「じゃ、注ぐから、良《い》いところでストップかけてね」
私「分かった」
彼女は、ミルクを注ぎながらストップがいつかかるかと、何度も私の顔を覗きこみました。しかし、私はたっぷり欲しかったので、コーヒーカップ一杯になるまで待っていたのです。ストップの声を待ちかねていた彼女にしてみれば、砂糖の量の驚きに留まらず、ミルクまで大量とは思いもしなかったのでしょう。
それにしても、たっぷりは問題であったかもしれませんが、コーヒーにミルクを入れることについては私は当然のことと思っていました。なぜなら、当時のテレビコマーシャルでは「コーヒーにクリープ（粉ミルクの商品名）を入れないなんて……」というフレーズが流されていて、ミルクを入れないと時代に乗り遅れると感じていたからです。

彼女は自分のコーヒーには、砂糖もミルクも入れませんでした。コーヒーカップを手に取り、そして一口飲んだ後、静かにカップを皿に置いて、呟くようにこう言ったのです。

「コーヒーって、やっぱりブラックが最高ね」

まさに、私は脳天を斧でかち割られたかのような衝撃を受けました。彼女が発した言葉は「あなたのコーヒーの飲み方。それは邪道で、コーヒーを分かっていない人の飲み方よ」と切り捨てるものだったのです。

愚かな自分を呈示し、恥ずかしい気持ちを抱いた私は、次に、別の女性と喫茶店に入った時は、なんとしても醜態を挽回しなければならないと思いました。

そして、新たな女性と喫茶店に入るチャンスが訪れました。そこで、いかに私がコーヒー通であるかといわんばかりに演じたのです。彼女もまた「いくつ？」と砂糖の量の問いから始まりました。

私「あっ。いらない」

女性「ミルクは？」

私「ありがとう。いらないよ」

彼女は、自分のコーヒーに少しだけミルクを入れました。甘党である私に、ブラックコーヒーの味なんて分かるわけがありません。そもそもウイスキーにしても、友人が悪ふざけで、ジョニーウォーカーの黒ラベル（スコッチ・ウィスキーで、通称「ジョニ黒」）の瓶に安い日本産のウイスキーを入れ替え、すすめたのも知らず、私は「やっぱり、ジョニ黒はおいしい」などと言って、分かったような顔をして飲んでいたぐらいですから。

彼女のミルクを入れるしぐさを見て、私はここぞとばかりに、粋がって言いました。

「やっぱり、ブラックは最高やねぇ」

すると、彼女は平然とこう答えたのです。

「ブラックも良《い》いけど、こうして少しだけミルクを入れてかき混ぜないでしばらくおいておくのね。そうすると、表面にミルクの膜がはって、コーヒーの香りを閉じ込めて、まろやかな味になるのね」

「負けた！」と私は思いました。そして、コーヒーの飲み方には、上には上があるんだということを知ったのです。

3　違いの分かる男

コーヒーのエピソードが長くなりましたが、それにはこの章のエッセンスが凝縮されています。

何年も前のことで、みなさんはご存知でないかもしれませんが、ネスレの高級インスタントコーヒー〝ゴールドブレンド〟のコマーシャルでは、著名人を登場させ、「違いの分かる男」というキャッチフレーズでもって売り出していました。要するに、インスタントといえども、「著名人は質の高いものを求めるものだ」と言わんばかりに、人物の序列とインスタントコーヒーの序列をパラレルに示しながら商品の魅力を訴えていたのです。

私たちは卓越化した差異を示されると、同じようにありたいという気持ちが刺激され、また逆にその卓越さを身につけたとあれば周りにその差異をひけらかしたいという気持ちを持っているということです。それゆえに、ネスレのキャッチフレーズは人の持つその敏感な部分をうまく刺激し、購買力を高めようとする企業戦略であったということなのでしょう。

このような日常生活のなかで示される人間の習慣行動や文化の違いに着目したのが、フランスの社会学者ピエール・ブルデューです。

ブルデューは、お金や土地といった「**経済資本**」とは別のレベルで、知識・教養、趣味、学歴、資格などを「**文化資本**」、さらに人脈とかコネといった人間関係を「**社会関係資本**」と名づけます。

特に、社会空間において、「**文化資本**（capital culture）」は現代社会を階層化する主要因であるとブルデューは説明するのです。私たちは、親から言葉、立ち居振る舞いを教えられます。また、学校においては知識や教養を獲得していくわけです。洗練された振る舞いや、高い知識と教養を身につけた人は、身体化された文化資本として、経済資本とは別のレベルで自己の卓越性を示すものとなります。

身体化された文化資本の例として、小学校に入学した児童がノートを忘れたとしましょう。その時、先生に「先生、紙」と言う子もいれば、「先生、紙をください」と言う子もいるでしょう。あるいは、「先生、すみませんが、紙をいただけませんか」と丁寧に言う子もいるでしょう。このように、知らず知らずに家で身につけた話し方というものがあります。この言語の使用法によって、その子の文化資本というものが提示されるというのです。

また、有名大学を卒業するとなれば、「学歴資本」として制度化されたなかでの自己の卓越性を示すことになるわけです。さらに、家に置かれた家具などの調度品、本棚に並ぶ本やＣＤなどといったコレクションは、持ち主の教養が客体化されたモノとして示されることになるのです。

私のコーヒーのエピソードで言えば、女子学生の飲み方は卓越性を示すものでした。それゆえに、私は彼女の文化資本量に劣る感覚を抱いたのです。その差異が、私の欲望を掻き立て、文化資本量を多く持っているかのような振る舞いへと向かわせたのです。

しかし、いくら卓越化された飲み方を即興で演じたところで、所詮身についた飲み方ではありません。だから、様にならないのです。着飾った演技は剥がれてしまい、本来の自分の持つ文化資本量を曝《さら》け出すという、いわば「お里が知れる」ことになるというわけです。

その点、太宰治が『斜陽』で描くお母さまのスープの飲み方は堂にいったものです。

「スウプのいただきかたにしても、私たちなら、お皿《さら》の上にすこしうつむき、そうしてスプウンを横に持ってスウプを掬い、スプウンを横にしたまま口元に運んでいただくのだけれども、お母さまは左手のお指を軽くテーブルの縁《ふち》にかけて、上体をかがめる事も無く、お顔をしゃんと挙げて、お皿をろくに見もせずスプウンを横にしてさっと掬って、それから、燕《つばめ》のように、とでも形容したいくらいに軽く鮮やかにスプウンをお口と直角になるように持ち運んで、スプウンの尖端《せんたん》から、スウプをお唇のあいだに流し込むのである。そうして、無心そうにあちこち傍見《わきみ》などなさりながら、ひらりひらりと、まるで小さな翼のようにスプウンをあつかい、スウプを一滴もおこぼしになる事も無いし、吸う音もお皿の音も、ちっともお立てにならぬのだ。それは所謂《いわゆる》正式礼法にかなったいただき方では無いかも知れないけれども、私の目には、とても可愛《かわい》らしく、それこそほんものみたいに見える。また、事実、お飲物は、うつむいてスプウンの横から吸うよりは、ゆったり上半身を起して、スプウンの尖端からお口に流し込むようにしていただいたほうが、不思議なくらいにおいしいものだ」（『斜陽』）

このお母さまのスプウンの扱い方のくだりを読むと、私は最初にフランス料理を食べに行ったことを思い出します。フォークとナイフをどう操ったら良いのやら、周りを見ながら恐る恐る食べただけで、なんら料理を味わうことが出来ませんでした。

それは、私にとって遥か上流の人々の食事であり、テーブルマナーなど身につけていない私はただただ作法にのみ気を取られ、ゆっくりと食事や会話を味わう〝ゆとり〟などなかったということです。

4　上昇志向と戦略

現在、私たちは、自由で平等な社会に生きていて、職業も結婚も自由に選択できるものと思っています。とはいえ、それはあくまでチャンスのことであって、努力なしで手に入るものではないことは分かっています。だからこそ、なんとか自分の社会的位置を上昇させようと努力するのです。

また、描いていた位置を実現出来なかった人だけでなく、勝ち取った人でさえ自分の位置以上を子どもに託そうと考えます。次世代に託す事例を挙げるとするならば、子どもの塾や家庭教師、習い事などに自分のお金を投資し、子どもの知力、すなわち文化資本を高めようとする「育児戦略」というものです。

高学歴を身につけた子女となれば優良企業に就職することができ、また医者や弁護士といった秀でた職種に就くことによって、社会的上昇を手にすることができると考えるわけです。もちろん、それだけではありません。高学歴の学校や、職場に所属することは、おのずと経済資本や文化資本の高い子女との出会いともなります。そのことは、〝玉の輿〟〝逆玉〟といった「婚姻戦略」とも連動するのです。

仮にあなたが、「育児戦略」の効果によって受験を勝ち抜き、文化資本も経済資本も高い位置にある医者になったとしましょう。しかし、ブルデューに言わせると、医者の世界のなかでもまた、文化資本や経済資本によって、異なる位置というものがあるというのです。

そのことを、渡辺和博・タラコプロダクションが㊎と㊍という分類をしながら非常に分かりやすく語っています。渡辺が使用する㊎と㊍の分類は、ブルデューに依拠すれば文化資本、経済資本、社会関係資本を合わせた資本量の多い者が㊎、その資本量の少ない者が㊍ということになります。この㊎と㊍の比較でもって、医者の世界を説明するのです。

㊍の親族には医者はなく、父親が公務員か教師という場合が多く、小・中・高校と優秀な成績で通した㊍は医者になりたかったかどうか、はっきりしないまま、最も困難であるというだけの理由から医学部を受験するというのです。

㊍にとって医学部に入る人たちは㊎同様、受験勝利者群なのですが、そこでもライバル心むき出しで頑張り、人から驚かれたいと思うばかりに研究医という困難な道を選んでしまいます。

対して、㊎はというと、父親も兄弟も祖父も叔父もいとこもみんな医者という場合が多く、多額の小づかいをもらい、海外旅行、スキー、ゴルフ、テニスを楽しみます。それは、親が自分の跡を継がせたい思いからで、そのため㊎はほどほどの臨床医としての腕と、円滑な人間関係を身につけ、医学界で適当にやれる基礎づくりに精を出すだけです。なので、㊎は、研究などという面倒なことなどやろうとは考えないというのです。

このように、㋪が頑張って上昇しても、そこにはまた位階があるというわけで、資本量の少ない㋪には、余裕がなく、人生を楽しめないということになります。㊎は、お金が余って幸福なので、いつもニコニコしているため、善人に見えるわけです。それで、他人から好かれ、他の多くの㊎仲間が合体して、よりいっそう㊎の地位を固めていくことになります。

一方、㋪はというと、㊎になりたいと願うあまり、日やけサロンに通い、㋪の憧れを逆手にとった㊎のグッズを買い求めるあまり、やりくりが苦しくなってますます㋪への道を邁進《まいしん》してしまうというのです。

このように、資本量が多く上位に位置する人々の余裕の生活スタイルや彼らの趣味および志向が、下位に位置する人々の羨望を喚起させ、同じものを手に入れようと頑張らせるわけです。しかし、そのように下位のものが追い求めることによって、より一層、上位に位置する人々の生活スタイルや趣味および嗜好の値打ちを高める結果になってしまうのです。

このように、医者の舞台は舞台で、それぞれが持つ資本量の差異が提示されてしまうことになるのです。

5 暗黙の生前贈与

私が小学校に通っていた時、音楽の時間に突然先生が、医者の息子であった同級生の田丸君にピアノを演奏するよう指示しました。同じように小学校に通いながら、彼の家にはピアノがあり、ピアノを習っていたわけです。田丸君のピアノ伴奏で私たちは合唱をしました。私は彼がピアノを弾けることへの羨望以上に、すごい屈辱感を抱きました。彼と私とでは、経済的にも文化的にも格段の資本量の差があったのです。

みなさんも経験したと思うのですが、音楽のテストでは、聞き取りがあったと思います。「ドミソ」や「ファラド」の和音が流れ、どれがその和音に該当するかという問いに、私は答えられませんでした。もちろん、違いは聞き取れるのです。しかし、どの和音が「ドミソ」なのか、「ファラド」なのかが分からないのです。また、テスト用紙に書かれた五線譜のなかに音符の書かれていない小節があり、ピアノ演奏に合った音符を入れる問題がありました。これは私にとって、刃物のような問いでした。音の高低と長さは感覚でつかめますが、五線譜のどこに、さらにその音を四分音符で表記して良いのか、八分音符を書いてよいものなのかさっぱり分からないのです。しかし、ピアノを習っていた田丸君なら簡単に出来たはずです。

それゆえ、ブルデューに出会った時は、私のなかでこれまで感じていた〝もやもや〟をすっきりとさせてくれたのです。

学校で教えられる内容は、資本量の多い位置にいる人々が好む音楽や絵画などです。決して、音楽の教材に、演歌はありません。国語にしても、中流以上の人たちが使う言い方を善として教えられています。ノートを忘れた児童の例で言いますと、せめて「先生、紙をください」と言う子どもを正統な国語を使用できる子として先生は見るわけです。すると、「先生、紙」と言う子は、先生からは低く見られる上、学ばなければならないバーが高いということです。

経済力や文化資本力による社会的位置によって、その位置に見合った趣味やライフスタイルがあるわけです。しかし、教育で取り扱う内容は、これらの資本量が多い人たちの慣れ親しむ文化なのです。つまり、資本量の多い人たちが愛好する文化が正統な文化として、学校で教えられるのです。

となれば、親からの「**暗黙の生前贈与**」を得た資本量の多い子女は、慣れ親しんだ内容が試験として出されることによって、高成績を獲得するということになります。つまり、教育を介して、世代を超えて社会的位置が再生産されるという問題点についてもブルデューは鋭く指摘したのです。

深めてみよう

1 日常の生活のなかで遭遇する人たちの異なる趣味やライフスタイルを、その人物の社会的位置との関係で調べてみましょう。

2 ブルデューの重要な概念の一つに「**ハビトゥス**（habitus）」があります。この概念を調べて、説明してみましょう。そして、自己の経験のなかのエピソードを、**ハビトゥス**を使って語ってみてください。

参考文献

ピエール・ブルデュー（石井洋二郎訳）『ディスタンクシオン――社会的判断力批判1・2』藤原書店、1990年（＝1979、1982年）

太宰治『斜陽』新潮文庫、1950年

石井洋二郎『差異と欲望――ブルデュー『ディスタンクシオン』を読む』藤原書店、1993年

渡辺和博・タラコプロダクション『金魂巻』ちくま文庫、1988年（主婦の友社、1984年初出）

第8章

この世は見世物の世界

——映像を社会学する

小学生時代に住んでいた私の家は旧市街地の繁華街にあり、斜め向かいには映画館がありました。おそらく宣伝効果を目論んだ行為と思うのですが、その頃の映画館は上映中の映画の音声を外に流していました。音響の迷惑に対する近所への還元ということもあったと思います。映画館を経営しているおばさんは、映画好きの私に無料で観させてくれました。

映画会社の配給の縛りがなかったのか、その映画館では東映、松竹、日活などが製作した映画を上映していたのです。低学年の頃は、『月光仮面』を追いかけていましたが、中学年になると同級生よりも少々おませであった私は、小林旭主演の恋愛が絡むアクション映画に興味を抱くようになりました。学校から帰ってランドセルを置くやいなや、毎日のように映画館へ通っていたのです。

このような自分の記憶を披露するまでもなく、映画は人々を魅了するパワーと発信力において群を抜くメディアと言えるでしょう。

そこで、本章では映画を採り上げ、社会学的に読み解くことを通して、社会学という知を味わっていただきたいと思います。

1　『キャッチ・ミー・イフ・ユー・キャン』（Catch me if you can）

私にとって、小気味良く楽しく味わえた映画の一つに、スティーブン・スピルバーグ監督による映画『キャッチ・ミー・イフ・ユー・キャン』（２００２年、以後『キャッチ・ミー』と表示）があります。実在するモデルをもとに製作されたこの映画は、アメリカという国の懐《ふところ》の深さを実感する映画でもありました。

舞台は１９６０年代のアメリカ。父の事業の失敗から両親が離婚したため、17歳にして家出したフランクが、パンナム航空のパイロット、そして小児科の医者、さらには司法長官補佐にもなりすまし、アメリカの50州、世界26ヶ国で４００万ドルもの偽造小切手を現金化するストーリーです。それを、スピルバーグ監督は、軽妙かつハラハラドキドキさせながら観客を引きつけ、楽しませます。

特に、レオナルド・ディカプリオ演じるフランク・アバグネイル・ジュニアを乗せた護送中のＴＷＡ航空機が滑走路に着陸する車輪と車輪の空間から、フランクが現れ脱走するシーンが私には印象的です。

時は１９６３年、フランクの父アバグネイルが、ロータリークラブ会長で、友人でもあるバーンズ氏の司会のもと、永久メンバーになった祝賀会が行われます。父のスピーチが始まるまで、フランクはテーブルに置かれているワインのラベルにご執心で、宴になど関心を持っていませんでした。ところが、「2匹の小ネズミがクリームの壺に落ちました。１匹はすぐにあきらめて、溺れてしまいました。２匹目は……あきらめませんでした。ネズミはとても激しくもがいたため、とうとうクリームをバターに変えてしまい……這い出せたのです」と語る父のスピーチを聞くや否や、フランクのこれまでの態度が豹変します。強く感動を示し、誰よりも力強く拍手するのです。

ところが、アバグネイル家の幸せな生活が一転します。父の経営する文房具店が、国税庁による脱税の査察を受けるはめになり、経営に行き詰まってしまったのです。

銀行からの融資をとりつけるため、父親はフランクに黒のスーツを着せ、運転手に見立てて、銀行の正面玄関に乗り付けます。その時の会話は以下のものです。

フランク「父さん。これって一体なんのためなの?」
父「お前は、なぜヤンキースがいつも勝つか知っているか?」
フランク「ミッキー・マントルがいるからだろう?」
父「違う、相手チームがあのピンストライプのユニフォームにすっかり釘づけになるからだ」
(『DHC 完全字幕シリーズ　キャッチ・ミー・イフ・ユー・キャン』)

ところが、支配人が出てきてVIP(重要人物)対応となったものの、国税局とのトラブルが明るみに出て融資はされませんでした。そこで、アバグネイル一家は邸宅もキャデラックも手放し、アパート暮らしを余儀なくされます。そして、両親の離婚と、転落の一途をたどることになるのです。

　フランクは家出をしたものの、お金もなく、生活に困り果てていたその時、たまたまホテルの玄関先でタクシーが止まり、中からパイロットとキャビンアテンダントが颯爽と飛び出してきたのです。街を歩く人々は彼らを羨望の目で見ます。惹き付けられるようにフランクは彼らについてホテルに入りました。パイロットは子どもからサインを求められ、フロントも手厚い対応となるのです。

　そこで、フランクは、パンナムのユニフォームを手に入れる術を案出し、パイロットに扮します。すると、偽造した小切手も怪しまれることなく現金化され、女性たちをも手にすることになるのです。

　こうしてフランクは、小切手の詐欺による裕福な生活を楽しむことになります。さらに、パイロットから、医者、そして検事に扮するフランクと、フランクを追跡するトム・ハンクス演じるＦＢＩの捜査官カールとのストーリー展開は危機一髪の連続で、目が離せません。

　最後はカールによって逮捕され、アメリカの刑務所に入れられたフランクでしたが、カール自らが身柄引受人となって刑務所から出所し、偽造小切手の犯罪捜査を担当するＦＢＩ金融犯罪課の職員として働くことになるのです。

2 シンボリック相互作用論

人によって、目に見える世界は違います。車に乗せてもらった子どもが、パトカーを見て「警察の人がいるよ」と好意的に家族に伝える子もいれば、「サツや！　サツ！」と自分たちの生活を脅かす危険なものとして伝える子もいます。後者の例は、たとえ犯罪を犯した父であろうともその子にとっては大切な親であるため、警察は悪に見えるわけです。

このように、人によって異なる意味をもつ世界を、ハーバート・ブルーマーは次のように述べています。

「ひとつの対象が、異なる個人に対して異なる意味を持つことがありうる。一本の木は、植物学者と樵と詩人と家庭園芸家とにとって、それぞれ違った対象であるだろう。アメリカ合衆国大統領は、彼の属する政党を支持する人々と対立政党を支持する人々とで、きわめて違った対象でありうる」

（『シンボリック相互作用論』）

つまり、ある個人にとっての対象の意味は、その個人と相互作用する他者との関係のなかで、どのように定義されているかということから生じるものなのです。そこで、ブルーマーは、人間があらゆる物事に何らかの「意味」や「象徴」を付与し、その解釈に沿って行動していくことに着目し、人間と社会との関係を読み取ろうとする「シンボリック相互作用論」を提唱するのです。『キャッチ・ミー』を、「シンボリック相互作用論」に依拠しながら、読み解いていくことで、単なるストーリーとは異なる『キャッチ・ミー』のメッセージを読み取ることにしましょう。

フランクは、銀行というものが、運転手付きの車で玄関先にやってくるお客は大切な人物として扱うことを、父を通して学びます。そのことは、しぐさや身のこなし方でもって、人々が意味を付与していることでもあります。

また、父への情熱的な愛を抱いていた母が、父の事業の失敗によって「大きな家」「毛皮のコート」「キャデラックの車」を失うことで父への愛が冷めたことを理解するのです。物質的な指標を失うことで愛をも失うという意味をフランクは解釈することになります。

まず、彼が詐欺師を演じたのは、教師でした。私学に通っていたフランクは、ジャケットの制服のまま転校した公立高校へ出向きます。転校先の高校生から新参者と見なされたフランクは、タックルの嫌がらせを受けます。ただし、その時に彼らはフランクの身なりから推察して、フランクを「〝セールスマン〟か〝代用教師〟であろう」と話すのを耳にします。そこで、フランクは彼らの見立てを逆手にとって、見事に代用教師を演じます。

そのことは、ヤンキースが強いのは強い選手がいるからではなく、「相手チームがあのピンストライプのユニフォームにすっかり釘づけになるからだ」という父の言葉に通じます。だからこそ、パイロットのユニフォームを着さえすれば、人々は憧れの人物として扱ってくれるというわけです。つまり、パイロットのユニフォームは社会的に上流階層として人々が意味づけし、解釈しているからです。

このような解釈を通して、フランクは行動します。パンナムのユニフォームを着て銀行に行けば、偽造小切手も怪しまれることなく現金化されるのです。また、パイロットと見られることで、女性が近づいて来てくれます。モデルのシェリルだって、映画『007』のジェームズ・ボンドが乗るスポーツカーを乗り回し、高級ホテルに宿泊するフランクに言い寄るのです。

それゆえに、「新品のキャデラック」と「6万ドルの家」でもって、去っていった母親を連れ戻すよう父に進言します。フランクにしてみれば、父が失った愛の象徴である品さえ取り戻せば、もとの幸福な家族にもどれると思うのです。

このように、私たちは人々との相互作用を通して、事物に付与された「象徴」や「意味」を読み取っていきます。フランクで言えば、物事の意味を両親との相互作用から導きだし、そこから加工し、修正しながら行動した姿が、小切手偽造の詐欺師というわけです。

3　この世は見世物の世界

映画『キャッチ・ミー』は、フランク特有の意味解釈の面白さもさることながら、現代社会の歪みを提起してくれています。

それは、信用経済が浸透した社会の問題です。たとえば、車の免許証を持っていなければ、警察に止められても車を運転できる人物であるかどうか証明することができません。大学内においても、定期試験において、学生証がなければいくらその大学の学生であっても、証明書がないということで受験ができません。このような、理不尽な気持ちを持ったことはありませんか。

フランクは、パイロットや医者に扮し、小切手詐欺をしながら世界を騙して生きてきました。騙しながらも通用する世界にいたフランクにしてみれば、現実は虚構の世界に見えたのです。自己の能力だけでなく、私という存在証明は、ユニフォームというシンボルであったわけです。

そこで、「すべては見世物の世界」だと述べるジャン・ボードリヤールは、「モノ」の消費を「モノ」の機能や効用から使用すると考えていることに異議を唱えます。「モノ」の消費とは社会的地位などを誇示するために、あるいは自分らしさや幸福、美の雰囲気に浸るために記号的に消費しているのだというのです。

そのことは、ルイ・ヴィトンのバッグを例に挙げてみますと、このようになります。ルイ・ヴィトンのバッグは品質も機能も秀れているのでしょうが、それよりもルイ・ヴィトンのバッグを持っているということに浸ったり、誇示したりするために、ルイ・ヴィトンという記号を消費しているということを意味するのです。

軽妙なタッチで視聴者を釘付けにする作品である『キャッチ・ミー』は、このように現代の社会の問題点を私たちに投げかけ、考えさせる映画でもあるのです。

深めてみよう

1　これまでに観た印象に残る映画を、社会学の概念を使って読み解いてみましょう。

2　シンボルを介して社会が成り立っている事例を挙げて、説明してみましょう。

参考文献

フランク・アバネイル＆スタン・レディング（佐々田雅子訳）『世界をだました男』新潮文庫、2001年（＝1980年）

石井健 対訳『DHC 完全字幕シリーズ　キャッチ・ミー・イフ・ユー・キャン』DHC、2003年

ハーバート・ジョージ・ブルーマー（後藤将之訳）『シンボリック相互作用論——パースペクティ

ヴと方法』勁草書房、1991年（＝1969年）
ジャン・ボードリヤール（今村仁司・塚原史訳）『消費社会の神話と構造』紀伊國屋書店、1979年（＝1970年）

第9章

あの愛をもう一度

――文学から社会学を学ぶ

恋愛は非常に楽しいものです。しかし、その一方で、胸が締め付けられるような狂おしさに陥ることもあります。恋愛とはコインの裏表のように、楽しみと苦しみを併せ持っているのです。それゆえにまた、魅力的であり、惹き付けられるのかもしれません。

私がスタンダールの『赤と黒』に出会ったのは、恋することの苦悩を少しは味わった大学2年の秋でした。失いかけた愛を取り戻すジュリアンの策略に惹き付けられ、ただただ貪るように読みました。

本章では、これまで社会学の世界を案内するために取り入れてきた素材としての文学作品ではなく、逆に『赤と黒』という文学作品が社会学の地平を広げ、社会学的思考を精緻化する重要な発信源でもあることを紹介したいと思います。

そのことは、文学が社会学を豊かにし、そしてまた文学作品に新しい解釈を与えるという社会学の楽しみをみなさんと味わいたいということでもあるのです。

1　スタンダール『赤と黒』

1830年に刊行された『赤と黒』ですが、タイトルの「赤」とは当時のフランスの軍服の色を表し、「黒」とは僧侶の服の色を指します。野心家の主人公のジュリアン・ソレルにとって、出自に関係なく36歳にして将軍にもなれる赤い軍服の軍隊の世界か、それとも黒服に身を覆う僧侶の世界に入って、昇りつめていくかを意味するタイトル名なのです。

舞台は、ナポレオンが失脚し、王政復古の時代となったフランス。スイス国境に近いフラッシュ・コンテの小都市ヴェリエールの材木屋のせがれであるジュリアンは、ハンサムで、才知にたけた19歳の青年でした。

ジュリアンが崇拝するのはナポレオン。ただし、王政復古の時代にあっては、そのことが知れれば危険人物と見られるため密かに崇めていました。

そして、「人は生まれや階級ではない。あのナポレオンが貴婦人ジョセフィーヌを手に入れたことによって昇りつめたように、この自分も」と、ジュリアンは野心に燃えます。

町の司祭に才知を認められたジュリアンは、町の有力者から家庭教師に迎えたいと言われます。一人はレナール町長で、もう一人がヴァルノ氏でした。彼らは、政敵であるとともに、レナール夫人をめぐっての恋敵でもあったのです。

ジュリアンはレナール町長宅の家庭教師となるのですが、そこには貞淑な妻レナール夫人がいました。彼女は30歳で、３人の子どもがいます。しかし、どうみても20歳そこそこにしか見えない美しい女性だったのです。

ある朝、朝食に遅れたジュリアンは、レナール町長に「やはり出自が違う」とマナーの欠落を指摘されます。この上流階級が持つ出自への差別意識に対する憤りから、ジュリアンはレナール夫人を誘惑するのです。

動機は純粋なものでなかったにせよ、ジュリアンはレナール夫人を深く愛するようになります。ところが、噂が立ってしまい、司祭の世話でジュリアンは町を離れて神学校に入ることになります。

やがて、神学校の校長の推薦で、ジュリアンはパリの貴族ラ・モール侯爵の秘書となるのです。そこにいたのが、パリ社交界きっての美女である侯爵令嬢マチルドだったのです。ジュリアンにしてみれば、自分とはあまりにも大きくかけ離れたマチルドが、恋のお相手になるなどまったく想像できませんでした。

しかし、そのことが逆にマチルドには他の言い寄ってくる男たちとは違う魅力的な存在に映ったのです。マチルドの方から誘いの手紙を受け取ったジュリアンは、「なにかしらのたくらみではないか」と疑いつつも、彼女の指定通り真夜中に部屋に忍び込みます。一夜を共にしたジュリアンの歓喜もつかの間。常に誰からも愛されるプライドの高いマチルドは、亭主気取りのジュリアンの態度に愕然とします。

そして、「あなたは、あたしを支配する権利でも手に入れたと思っていらっしゃるのね」と非難するのです。

まさに、ジュリアンにしてみれば、一夜にして天国から地獄に落とされたかのようなものです。冷たくされたジュリアンは、自暴自棄に陥ってしまいます。そのときに、現れたのがドンファンとして名高いロシアの貴族コラゾフ公爵でした。彼は、ジュリアンから恋の悩みを聞き出し、「それは恋愛の初歩ですよ」と言って笑います。そして、冷めた恋人のハートに火をつけるテクニックなるものを指南するのです。

その一手として、「彼女の知り合いに迫れ」と言われるのです。ジュリアンにしてみれば、求める女性はマチルドですから、他の女性に迫ることなど到底出来るはずもありません。それでも、ジュリアンは、なんとしてでもマチルドの愛を手に入れるために耐えながら、マチルドの友人であるフェルヴァック夫人に近づくのです。さて、コラゾフから手にした策略は効果を表してきます。フェルヴァック夫人から、ジュリアンの恋文を知ったマチルドはいてもたってもいられません。

「「こんなこと我慢できませんわ」と、マチルドはその手紙をひっつかむなり、叫んだ。「あたしのことをまるで忘れてしまってらっしゃるのね。でも、あたしはあなたの妻ですよ。あなたの仕打ちはあんまりですわ」

（『赤と黒』）

マチルドのこの態度に、ジュリアンは言い知れぬ喜びを感じるのです。それだけではありません。なんとマチルドは、プライドもかなぐり捨て、ジュリアンに愛を乞うのです。

「ごめんなさい。あなた。あたしを軽蔑なさりたいなら、いくらでも軽蔑なさってください。でも、あたしをかわいがって！　あたしはもう、あなたの愛情なしでは生きていかれません」
（前掲書）

冷めたマチルドのハートにもう一度火をつけることを願い、コラゾフの策略に従ったジュリアンは、マチルドを再度手にするのです。ただし、作品はこのますんなりジ・エンドとはなりません。その後の展開については、ぜひ本を読んでください。

2　欲望の三角関係

ルネ・ジラールは、『欲望の現象学』において、スタンダールの『赤と黒』を採り上げ、「欲望の三角形」なる理論を説いています。

これまでは、対象となるものを求める欲望というものが主体による自発的な直線として捉えられてきました。しかし、ジラールによると、水が飲みたいといった本能的な欲求は、自発的で直線的に生じるとしても、財、名誉、権力といった人間の欲望というものは、直線のごとく主体的、個性的に生じるものではないと言うのです。

例えばサッカーシューズに対する欲望にしても、どのようなサッカーシューズが欲しいかとい

欲望の図

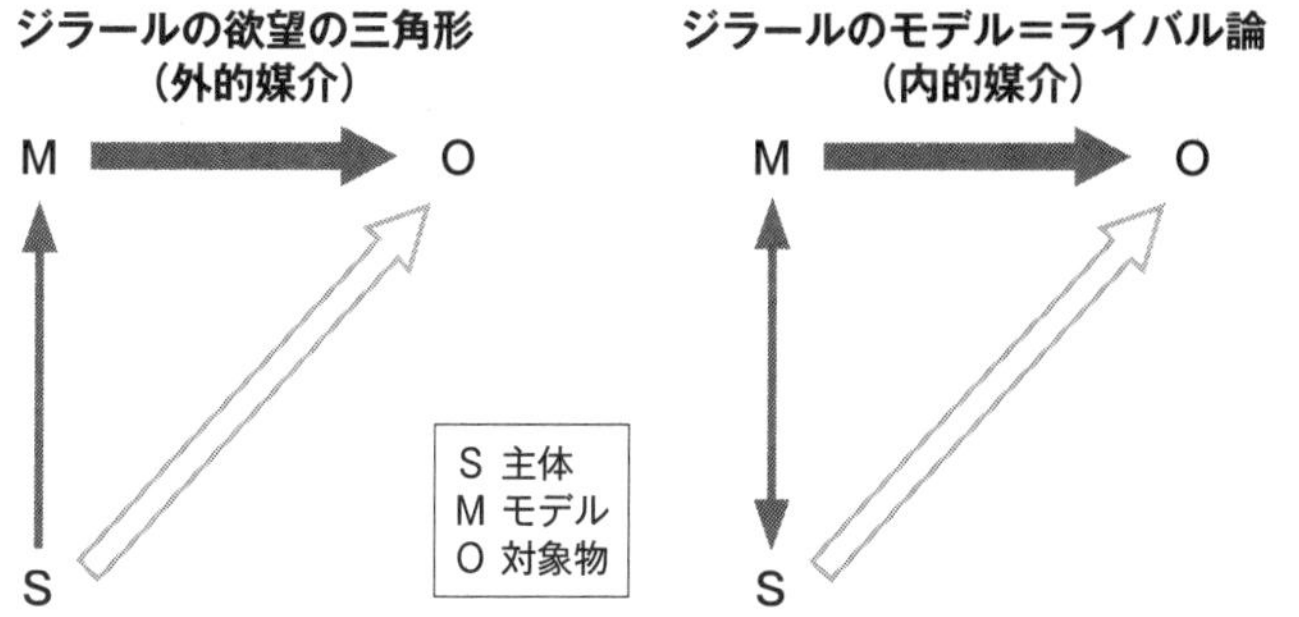

SとMが同一空間内にあって、Oが希少性がある場合は、MがSのライバルとなる

った対象の選択をしなければなりません。ジラールはこ人間の欲望のメカニズムを、欲望する「主体（Subject）」と選択する「対象（Object）」、そしてモデルとなる「媒体（Model）」という三角形からなる構図で説明するのです。

主体が、あるメーカーの品番〇〇というサッカーシューズが欲しいと思ったとします。これまでは、主体がロマンティックに対象に対して自発的に望むものと考えられてきました。

ところが、よく考えてみると、私たちは何の知識や情報もなく特定のシューズを選ぶことはないわけです。品番〇〇シューズへの欲望が生じたのは、自分の大好きなベッカム選手が履いていたシューズであったからこそ欲しいと思ったかもしれないわけです。

そうしますと、私（主体＝S）は、ベッカム選手（モデル＝M）が履いている品番〇〇シューズ（対象＝O）への欲望を抱くことになったということになります。言い換えると、私（S）は、ベッカム選手（M）を媒介として、品番○○シューズ（O）への欲望が生じたということです。つまり、ジラールによる「欲望の三角形」の理論とは、三角形のメカニズムでもって欲望が生じるということなのです。

ジラールの「欲望の三角形」の理論に沿って、『赤と黒』に込められた欲望を読み解いてみることにしましょう。

まず、レナール町長が息子の家庭教師としてジュリアンを迎えたいと望むシーンをジラールは拾い上げます。

「こののぞみは、なにも子供たちにたいする心づかいからでもなければ知識への愛からでもない。彼の欲望は自発的なものではないのだ。夫婦の間の会話が、すぐさまわれわれにその欲望のメカニズムを説きあかしてくれる。

「ヴァルノの奴、まだ子供に家庭教師を雇っていないからな」
「あの方、ほんとうにあたしたちの人を横取りするかもしれませんわ」」

（『欲望の現象学』）

レナール町長にとって、ヴァルノは常に自分に立ちはだかるライバルのイメージを持っていたわけです。そこで、ヴァルノの手にジュリアンが入るのではないかと考え、ジュリアンへの欲望が増大したというのです。

さらに、私が最も惹き付けられたマチルドの愛を再び燃え上がらせるコラゾフの策略については、次のように述べます。

「ダンディーのコラゾフの忠告に従って、彼は自分の父親と全く同じ類いの奸計に助けを求める。彼はフェルヴァック元帥夫人に言い寄ることにする。彼女の欲望をかきたて、それをマチルドに見せびらかして、彼女にその模倣をするように暗示しようというのである。水の僅かな数滴はポンプの誘い水に役立つ。僅かな欲望も、虚栄心のかたまりを欲望せしめるのに十分だ」（前掲書）

コラゾフの教えに従ったジュリアンの行為が成功を収めたのも「欲望の三角形」が起動したからであるというのです。

ただし、ジラールは「欲望の三角形」をさらに発展させます。それは、主体と媒介との距離によって、「外的媒介」と「内的媒介」に分けることで導きだされた理論です。

たとえば、ドン・キホーテが高名な騎士アマディース・デ・ガウラを理想として、騎士道の極致をきわめようとします。しかし、媒介となる騎士アマディースは、すでに過去の人であってドン・キホーテと同じ生活圏にはいません。

同じように、ジュリアンが理想とするナポレオンにしても、媒介となるナポレオンを模倣して
ジュリアンは社会の階段を昇ろうとするわけですが、ナポレオンはすでに存在しません。このよ
うに、「欲望の三角形」において、羨望となるモデルが主体と分断され同じ生活圏にない媒介の
ことをジラールは「外的媒介」と呼びます。
それに対して、レナール町長にとってのヴァルノ、そしてマチルドにとってのフェルヴァック
夫人という媒介は、社会的位置においても同一生活圏内の距離においても近い位置にあることか
ら、「内的媒介」と呼ぶのです。

「外的媒介」によって生じる欲望の場合、欲望の対象をめぐって、主体が羨望する媒介者が主体
に立ちはだかることはありません。しかし、「内的媒介」は、主体との距離が短く、同一の生活
圏にあります。さらに、求める対象が希少性を持つ場合、モデルは単なる羨望ではなく、嫉妬を
引き起こすライバルに豹変するというのです。つまり、モデルは主体の欲望を妨げるライバル
（障害物）となって、主体に立ちはだかるというわけです。

これが、「欲望の三角形」をより精緻化させた「**モデル＝ライバル論**」というものです。

3　モデル＝ライバル論で『こころ』を読む

ジラールの指摘に呼応して、社会学者の作田啓一は、ジラールの**モデル＝ライバル論**を下敷きに、日本の小説に描かれた三者関係について議論しています。

そこで、作田が採り上げた夏目漱石の『こころ』に着目してみることにしましょう。

3―1　『こころ』

作田の議論に入る前に、夏目漱石が大正3年に著した『こころ』を素描します。

主人公は、鎌倉で先生と出会い、交流を深めます。奥さん（静）と二人の生活をしている先生から、多くのことを学びます。ただし、先生には、謎があります。それは、誰かの月命日に欠かさず墓参りに出かけることです。

主人公の父が倒れ、実家に帰っている時に、先生から分厚い手紙が届きます。それは、先生の遺書だったのです。そこから、先生の過去が主人公に開かれるのです。

先生が両親を亡くしたのは二十歳になる前のことでした。かなりの財産が残されていたのですが、叔父夫婦が財産を管理するから心配せず自由に学問に励むように促され、先生は東京に出ます。ところが、その間に事業がうまくいかなくなった叔父は先生の財産に手をつけていたのです。

残った財産を処分し、先生は日清戦争で亡くなった軍人の未亡人宅に住むことになります。そこには、一人娘（静）と下女がいました。

先生はこの御嬢さんを意識します。といっても、それは異性という範疇のものなのか、恋心の芽生えなのかははっきりしない状況でした。しばらくして、親から勘当の身となり、身寄りのなくなった大学の友人Kを、自分の下宿に住まわせてもらうことにします。Kは、先生以上に才知にたけた存在でした。

御嬢さんがKの部屋で二人きりで話していることを目にします。また、街で遭遇したKの後ろに御嬢さんがいるのを知った先生は、御嬢さんに対する思いが一層高まっていくのです。ところが、御嬢さんへの恋心が明確になるなか、Kの方から先に御嬢さんへの愛を告げられてしまいます。

先生は、告白されたKに自分の気持ちを伝えることができないどころか、Kを出し抜いて奥さんに「御嬢さんを下さい」と迫るのです。自己の裏切り行為を責め苛む先生は、Kに告げようとします。しかし、その夜、Kは先生の隣の部屋で自殺するのです。

その時、先生はKの遺書を見つけます。御嬢さんのことが書かれていては、自分が軽蔑されると思い、遺書のなかを見ます。しかし、先生宛の遺書には、御嬢さんのことはまったく触れず、ただ世話になったお礼が綴られていただけでした。

この後、先生は御嬢さんと結婚します。しかし、Kの命日の墓参りだけでは心が静まることがなく、先生はずっとKを引きずることになります。そして、明治天皇が亡くなったことで殉死した乃木将軍に合わせるように、先生も自殺をするのです。

3—2　作田による『こころ』

作田啓一は、ジラールの**モデル＝ライバル論**に依拠して『こころ』を読み解いていきます。先生はKの知的能力の高さを評価しているゆえに、Kは先生にとっては友人でありながらも、羨望のモデルであったというわけです。

そこで、Kが御嬢さんと仲良くするのを目にし、またKから御嬢さんへの愛を告げられたことによって生じる先生の気持ちを、次のように説明します。

「「先生」のお嬢さんに対する独占の情熱は、Kがライヴァルとしてあらわれたから燃え上がったのです。「先生」は内的媒介者であるKのお嬢さんに対する欲望を模倣したのです」（『個人主義の運命』）

ただし、単なるライバル心による御嬢さんへの情熱の高まりではなく、もう一つの先生の精神的側面を指摘します。

「私の解釈では、「先生」は、たとえ策略のいけにえになったとしても、お嬢さんが結婚に値する女性であることを、尊敬するKに保証してもらいたかったのです。そしてまた同時に、このような女性を妻とすることをKに誇りたかったのです」（前掲書）

先生は、親から譲り受けた財産と処世術ともいうべき生活者の智恵でもって、Kを出し抜いて御嬢さんを手に入れます。この策略は、先生が叔父から受けた汚さと通じるものであり、それゆえに、自己の行為に罪悪感を持たざるを得なかったと作田は述べるのです。さらに、自殺したKの遺書には先生の行為に対して遺恨も何も触れなかったがゆえに、先生は苦しむことになったと言うのです。

「そして策略にかかった敗者の恨みも語らず、恋の純粋さを生のいさぎよい断念によって示したかのように見えるKの行為を前にして、「先生」のKに対する一時的な優越感は、たちまち打ち砕かれてしまいました。Kは再び「先生」に一歩先んじる師となったのです。

しかし、「先生」の結婚後の禁欲僧に似た淋しい生活を、Kに対する彼の罪悪感だけで説明することはできません。「先生」のお嬢さんに対する独占の情熱は、Kがライヴァルとしてあらわれたから燃え上がったのです。「先生」は内的媒介者であるKのお嬢さんに対する欲望を模倣したのです。この内的媒介者がいなくなれば、「先生」の情熱が沈静するのは当然の成り行きでした。それゆえ、「先生」の結婚生活は未来への希望の上に構築されたものであるというよりも、過去の行為によって生じた負い目を返すためのものでした」（前掲書）

このように、作田は『こころ』を読み解くのです。

そもそもジラールは、「欲望の三角形」のシステムが作動することによって生じる〝きな臭い人間世界の問題〟が、人間にとって最も大きな関心事であるにもかかわらず、これまで社会科学は真正面から採り上げることはなかったと言うのです。

そして、欲望が個人による直線的なもの、いわゆるロマティック（ロマンティーク）なものとして単純に捉えていたのに対して、三角関係の領域に深く取り組んで来たのは近代文学におけるセルバンテス、スタンダール、フロベール、プルースト、ドストエフスキーなどによるロマネスクの小説であったと言います。このことからジラールは、ロマネスクこそが真実を捉えているとして、『欲望の現象学』の副題では「ロマンティークの虚偽とロマネスクの真実」と表記するのです。

ジラールの示唆から、立ち止まって、私たちの生活世界に目を向けて考えてみましょう。

恋愛では、三角関係で悩む人もいるでしょう。職におけるポストをめぐっての争い、またスポーツにおけるレギュラーをめぐっての争いなどは、単なる葛藤で収まらず、血なまぐさい事件にまで発展することがあります。

このように、文学から導き出された**モデル＝ライバル論**は、私たちの身の回りで生じる問題を解き明かす鍵となるのではないでしょうか。

深めてみよう

1 「モデル＝ライバル論」の概念で、自己のこれまでの歩みの中で体験したエピソードを読み解いてみましょう。

2 あなたが読んだ文学作品のなかから、社会が抱える問題を解く鍵を示唆するものがあるでしょうか。あったとすれば、それは社会のどのような側面、あるいは構造を明らかにするものでしょうか。

参考文献

小谷野敦『男であることの困難――恋愛・日本・ジェンダー』新曜社、１９９７年
ルネ・ジラール（古田幸男訳）『欲望の現象学――ロマンティークの虚偽とロマネスクの真実』法政大学出版局、１９７１年（＝１９６１年）
作田啓一『個人主義の運命――近代小説と社会学』岩波新書、１９８１年
スタンダール（小林正訳）『新版世界文学全集1　赤と黒』新潮社、１９５７年（＝１８３０年）

第10章

君はレオポンを知っているか？

——科学の進歩と幸福

1 レオポンが投げかける問題

みなさんは、レオポンという種の動物を知っているでしょうか。

若い人にとっては聞いたことがないかもしれません。それもそのはず、このレオポンとは、本来、自然界では存在しない種だからです。ヒョウの父親とライオンの母親との間に生まれた動物。それがレオポンです。

阪神パークで生まれたレオポンは、年々人気が高まり、1973年には年間135万人という同園最多の入場者数を記録しました。今で言えば、珍獣パンダのような人気者だったのです。

しかし、同じ珍獣とはいえ、レオポンはパンダと違って、自然界の摂理に反して、人間による人工的交雑によって生み出されたもので、繁殖能力がなく、一代限りの動物でしかありませんでした。現在の私たちなら、「なんて倫理観のないことをしたのか」と人間の奢りを問題にすると思います。

ところが、この時代は、人為的な種間雑種に取り組んでいた時代でした。世界各地の動物園でも雄ライオンと雌トラとの「ライガー」や、雄トラと雌ライオンとの「タイゴン」といった珍獣づくりに取り組んでいました。

70年代の子どもの頃に、何度かレオポンを見に行った北村公哉さん（会社員、46歳）は、「昼間はほとんど寝てて動かない。子どもにはサルとかゾウの方が面白かった」と語っています（長谷川千尋「関西遺産」『朝日新聞』２０１２年12月12日付夕刊）。北村さんの感想には、当時の子どもが抱く感覚だけではなく、現代の私たちが抱く倫理観をも含んでいるように思えます。

と言うのも、阪神パークと同じように、自然界に存在しない「ライガー」を大阪の天王寺動物園は１９７５年に誕生させていました。このライガーは生後間もなく亡くなったのですが、10年経って当の園側が「動物のこととはいえ2度とくり返してはならない過ちである」（『大阪市天王寺動物園70年史』）と述べています。要するに、時代によって我々の価値観が異なり、その都度記憶も上書き保存されていくということではないでしょうか。

レオポンは、剥製となった今、私たち人間の奢りを戒める存在として、そのまなざしを私たちに向けているように思えてなりません。

2　生殖医療は幸福を生み出すのか

私たち人間の営みは、誕生以来、豊富な食糧、快適な暮らしという欲望の達成に向けた歴史でもありました。言い換えますと、科学を手にした人間は、自然界に挑みながら欲望の達成に向けひたすら励んできたのです。ただし、そのことは、時に科学が暴走しかねないことにもつながるのです。

つまり、人間の倫理観が科学力によって押し流されてしまいかねないということです。それがレオポンに象徴されていると言えるのではないでしょうか。

しかし、そのことを反省しながらも、私たちは欲深い人間であることを冷静に見つめることができないでいるのです。

1998年5月10日付の『朝日新聞』に掲載された「天声人語」では、「同性愛のハエ」のことが書かれています。


「ハエにも同性愛がある。（中略）同性愛のハエは、突然変異を人工的につくっているうちに見つかった。メスに興味を示さないので、このハエと同じ遺伝子を持つ一群を「サトリ」と名付けた。ところが、悟っていたわけではなかった。オス同士にしたら、求愛行動をはじめるではないか▼科学技術振興事業団の研究事業のひとつである「行動進化プロジェクト」はサトリの発見をもとに、性行動を決める遺伝子を特定し、この構造を明らかにした。これは、動物の行動を決定する遺伝子のひとつを実証した点で、画期的なことだという。研究を進めれば、同性愛の病害虫をふやすことで、その繁殖を妨げ、作物の生育を助けることなどに応用できる」

そして、「天声人語」は、研究リーダーである山元大輔さんによる「十年前に、この話をしたら、きっと学会でも変人扱いされたでしょう」とのコメントを挿入して閉じています。

作物の害虫駆除のために使用されてきた化学薬品が環境に悪影響を及ぼすということから、脚光を浴びる「虫の同性愛」。同性愛の病害虫を増やすことが、自然環境を守ることにつながるのでしょうか。

もっとも、化学薬品を自然界に放つことによる汚染を防ぐ意味においては効果があるでしょう。しかし、その一方で同性愛の虫を人工的につくり出し、自然界に放つことが、本当の意味で自然を守ることにつながるとは思えないのです。

まずもって、害虫と見なしているのはいったい誰なのでしょうか。それは、虫自身の告白でもなければ、虫仲間からの指摘でもありません。私たち人間によって、「害虫」と名指しされただけなのです。私には、熱心に同性愛づくりに励む研究者の姿の方が、滑稽でもあり、哀れにも見えます。また、それだけに留まらず、怖ささえ覚えます。

このような性別問題は、なにも虫に限ったことではありません。２００２年5月8日付の『朝日新聞』では、「生殖医療」が採り上げられています。

その記事では、畜産の世界ではすでに産み分けが商用化されているというのです。それは「フローサイトメーター」というレーザー光の装置で、メスとなるX精子とオスとなるY精子を見分けるのだそうです。２００２年時点では、完全な選別は難しいとのことですが、この装置による選別で奇形などの問題例はないというのです（「男女の生み分け」「生殖医療　いのちをつくる技術6」『朝日新聞』2002年5月8日付）。

まさに「フローサイトメーター」は、「肉牛なら雄牛を」「乳牛なら雌牛を」という畜産業者の願いに応えるための装置と言えるのです。ところが、人間は自己をとりまく動物の選別を望むことだけに留まらないのです。人間の欲望はなんと際限がないのでしょうか、人間自身の「男女の産み分け」をも求めます。そして、科学がその願いを先取りするかのように、開発を手がけるのです。

先の「生殖医療」の記事では、「安全性が確立されていない」という理由から日本産婦人科学会が2006年まで禁止していたのにもかかわらず、水面下で実施している医療機関があることに触れながら、次のような事例を紹介しています。

東京都内に住む主婦Aさん（32歳）は、息子が二人いて、どうしても3人目は女の子が欲しいと、夫と相談の上、産婦人科医院を訪れたというのです。その医院では「パーコール法」による男女産み分けが試みられていたからです。

「パーコール法」とは、特殊な溶液を入れた試験管に精子を加え、遠心分離器にかけて男になるY精子と、女になるX精子を見分けようというものです。性別を決める染色体のXとYでは、微妙にXがYより重いのです。そのため、遠心分離器にかけると、軽いY精子が外側に集まることになります。その特徴を利用して、女児を希望するAさんに、中心部に残る精子を取り出し、受精させたのです。ただし、取り出した中心部の精子がすべてXというわけではありません。その確率は8割なのです。

ところが、Aさんがこの「パーコール法」を試みたのは、これが2回目だというのです。「パーコール法」による最初の妊娠は、わずか2割という確率のY染色体だったために、男児を身籠もったのです。そのことが分かったAさん夫婦は、悩んだ末、やむなく中絶をしたというのです。とはいえ、女児を望む希望は捨てきれず、2回目に挑んだというわけです。

もちろん、「男女産み分け」技術の安全性をめぐる議論は、重要な問題であるには違いありません。しかし、それ以前に、「男女を産み分けたい」という欲望こそが、我々人間を逆に苦しめているのではないでしょうか。

人間の欲望は限りがなく、その達成に向けて、ひたすら科学に依存していくわけです。その結果、Aさんは中絶という悲しい現実をも引き受けなければならなくなったのです。

果たして、科学の進歩は我々を幸せにしているのでしょうか。

3　野生の思考

現代の文明化した人間の思考法とは、感覚性など切り捨てられた近代科学に基づく新しい説明体系です。例として、食物の分類を採り上げてみることにしましょう。

「なすび」はナス科に属しますが、同じナス科には、トマト、ジャガイモも含まれていることを、みなさんは知っておられるでしょうか。植物には、根、茎、葉、花、そして色彩や形状などさまざまな違いがあります。ですから、どこに着目するかで分類の仕方は異なるわけで、実際問題として整然と分類などできないのです。

ところが、18世紀、スウェーデンのリンネの登場によって、一刀両断、分類がなされました。リンネは、植物の「めしべ」と「おしべ」のその一点にのみ着目して、他の問題はすべて排除し、分類したわけです。つまり、これが近代科学的思考なのです。

さらに、分類は「界―門―綱―目―科―属―種」と下位分類として順に細かく分かれていくのですが、[目]からは代表的な生物の名でもって分類します。その方針によって、トマトもジャガイモも代表的な生物であるナス科として分類されることになるのです。

ところが、この分類が動物にも及んだ結果、現実社会では異議が唱えられることになりました。とくに、ペットとして愛される犬と猫は大きな問題となったのです。犬も猫も愛する人がいるのでしょうが、多くは犬派か猫派に分かれます。

犬はイヌ科に違いないのですが、分類の[目]となると、代表的な生物で括られます。そのため、イヌ科は脊椎動物亜門の哺乳綱、ネコ目に属することになるのです。ネコ目に属する他の動物には、タヌキ、キツネ、トラ、パンダがいるものの、犬愛好家の人にとって、自分の飼っている犬が「ネコに入れられたのではたまらない」というわけです。

さらに、最も物議を醸したのが人間の分類です。人間もサルと共に霊長類に入るわけです。しかし、霊長類という括りの［類］とは正式には［目］に該当します。そうなると［目］には代表的な生物の名をつけなければなりません。そのため、人間はサル目となったのです。

ところが、分類する側に立つ人間自身が、サルより下に貶められ侮辱されたと反発を招くことになったのです。この結果、ほとんどの書物では人間はサル目でなく、霊長類（目）と書かれています。

ここでも、よく考えてみれば、代表的な生物の名を［目］とする分類法に対して、植物なら異議はないものの、人間にとって身近な動物や人間自身に及ぶと問題になるわけです。人間自身が自らのものさしで決めておきながら、自己の立場が悪くなると変更を求めていくといった、現代における人間の自分勝手な姿を垣間みることになります。

このような近代科学に基づく思考法、そして自然界の頂点に立っているかのような傲慢さを身につけた文明人に対して警鐘を鳴らし、自らを見つめ直す契機を与えた人物にクロード・レヴィ＝ストロースがいます。彼の著した『野生の思考』は、文明人と未開人の思考法を比較分析し、未開人の思考とは、自然と親和的な思考活動であり、自然界の多様な動植物の観察から導き出した感覚データをベースとして体系化したものであって、緻密な思考法であると述べるのです。

そして、未開人は、自然への細心の注意をはらいながら、限られたありあわせの材料でものを作り上げるという「**器用仕事**（bricolage：**ブリコラージュ**）」を行っているのだというのです。レヴィ＝ストロースは、文明人の「近代科学」に対してこのような未開人の思考と作業を「**具体の科学**」と名づけ、どちらの科学にも優劣の差はないと言うのです。

つまり、文明人が「未開人の知性は、未発達で合理的思考などできず、非論理的な呪術的思考である」と見なすのは、文明人の偏見にすぎないというわけです。

未開人と文明人との思考法に優劣の差がないと指摘するレヴィ＝ストロースですが、そこには、自然と親和的な考えを切り捨てた文明人の思考法こそ野蛮ではないかという批判が含まれています。それは、先に採り上げたレオポン、生殖医療の問題などからも言えるのではないでしょうか。

つまり、これまで文明化された近代科学に基づく思考を優れたものとして自負してきた我々こそ、反省しなければならないように思えるのです。

4　現代の思考に潜む問題

さて、近代科学に基づく思考の問題点が指摘される現代において、文明人である私たちはレオポンの反省にみられるように自然環境を守る視点が備わっているように思っています。しかし、それは単なる思い込みなのかもしれないのです。

次に採り上げるのは、冬の味覚のトラフグの白子（精巣）について書かれた「天声人語」です（２０１２年12月15日付）。

「この白い宝石、大量生産で身近になるかもしれない▼東京海洋大などが先ごろ、トラフグのオスだけを殖やす技を開発したという。クサフグを代理親に、オスばかりできる精子を持った「超オス」を作った。「精巣工場」とでも呼ぶべき、究極の産み分けだ▼トラフグのオスがメスより3割ほど高いのは「白子代」。超オスが出回れば、白子の価格革命である。美食のために自然の摂理をいじることになるが、養殖場限りの営みなら天も許してくれよう」

フグ科にも、下位分類として属があって、トラフグ属とサバフグ属があります。この「天声人語」は、人間の手でもって、自然界に存在しない属を超えたフグの「超オス」がつくり出されたことを述べているわけです。ただし、自然界に存在しない「超オス」のフグ誕生を歓迎しているのです。

もちろん、レオポンを生み出した1970年代とは異なり、この記述には自然環境の視点を含む思考枠組みが備わっているかのように見えます。それは、「自然の摂理をいじることになるが」とことわりながら、養殖場という隔離された場所であることから許されるとの意見が添えられているからです。

しかし、よく考えてみれば、レオポンたちも動物園という隔離された世界であったわけです。となれば、フグの「超オス」誕生を正当とする論拠は崩れてしまうことになるわけです。つまり、人間にとって身近な位置にある動物から離れた生物、すなわち魚に対しては、自然との親和性を考慮すべき思考が停止しているということなのです。

また、経済性に基づく合理性に依拠した近代科学の思考は、自然環境を重んじる考えや倫理観のなかにすら深く浸透しているということではないでしょうか。

さらに、絶滅が危惧されているコウノトリを採り上げ、別の視点から現代の私たちの科学的な思考枠組みに依拠した倫理観について、考えてみることにしましょう。

かつて日本列島に普通に生息していたコウノトリは、環境の悪化等さまざまな原因によって絶滅が危惧され、国の特別天然記念物に指定されています。兵庫県豊岡市にある県立コウノトリの郷公園では、このコウノトリを人工飼育し、自然界に戻そうという取り組みを行っているのです。

2007年3月3日付の『朝日新聞』に、「コウノトリ、禁断の愛?」という記事が掲載されています。その内容は以下のものです。

2005年9月に、公園から自然界に放鳥されたコウノトリのうち、同じ両親から生まれた兄(6歳)と妹(3歳)が、電柱の上に「愛の巣」をつくり、交尾のような行動を始めたそうです。そこで、このまま妹が産卵すると、遺伝的に問題があるヒナが生まれるために兄を捕獲して園内に収容したというのです。

「2羽の『禁じられた恋』は、2カ月で終止符が打たれた」として、最後に「アマチュアのカメラマンたちから「兄妹とは残念」と惜しむ声が上がった」と結んでいます。

近親相姦は遺伝的に問題があるという医学（科学）に基づく考えを、鳥の世界にも拡張させて取り組んだ姿を報じながら、捕獲された兄のコウノトリをかわいそうに思いつつも、その処置に異議を唱えることもしません。

しかし、自然界には近親相姦はないのでしょうか。私たちは、別段そのことに注意を払ったことなどありませんから、本当のところはあるともないとも闇でしかありません。この問題が浮上したのは、国の特別天然記念物として大切に育てているがゆえに、愛の行動にまで口を挟むことになったのではないでしょうか。

つまり、監視されているコウノトリゆえに、人間のものさしで操作しようと思うのです。もし、雀やカラスが仮に近親愛を育てていたと分かったとしても問題視することはないでしょう。まずもって気づくことすらありません。

コウノトリが、果たして私たちと同じような感情を持っているかどうか私には分かりません。しかし、人間にしてもクレオパトラの例を引き合いに出すまでもなく、近親間の婚姻をアブノーマルと断定していなかった時期もあるわけです。時代をさかのぼれば、兄弟で愛の巣をつくることが分かったとしても、微笑ましく眺めていたのかもしれないのです。

このように、人間と距離のある鳥とはいえ、「国の特別天然記念物」となった鳥には、近代科学に裏打ちされた人間の対処法がなされるのです。

では、「まさか双子とは」と題するロンドンの事例はどうでしょう。

「英国で、生まれてから別々の家庭に養子に出された双子の男女が、その事実を知らずに結婚していたことが明らかになった。しかし、裁判所が結婚の有効性を審理した結果、「近親結婚」になると判断し、無効となってしまったという。

英メディアによると、英上院の審議で、ある上院議員が裁判官から聞いた話として紹介。双子についての詳細は明らかにしなかったが、「互いに避けることの出来ない魅力を感じた」ため結婚。その後、双子であることを知ったという」

（『朝日新聞』２００８年1月13日付）

私たちは、自由に恋愛をし、結婚もどのようなきっかけや動機であったにせよ、自己の意思で結ばれるものだと思っています。

育った環境も違う二人が、どこかで出会い、そして結ばれたのです。しかし、二人は双子の男女であると分かったわけです。偶然としか言いようがありません。しかし、科学的知識と、その科学知識をベースにした法に照らすと、彼らの結婚は認められないということになるのです。

この記事を読んで、この二人の悲劇に胸が痛む思いがするのは決して私だけではないと思います。もちろん私は、裁判所の判断を間違いとして採り上げたいのではありません。ただ、近代科学が幸せを導く絶対的に優れた思考法でもないという点を指摘することによって、近代科学の思考にとらわれた現代社会に疑いを持ってもらいたいのです。

化学薬品の問題を解決しようと励む「同性愛のサトリ」の研究者。人々の望みに応えようと「生殖医療」の装置開発に取り組む医学者。食の欲望を満たすために「超オス」のフグ誕生に精を出す研究者。そこには、近代科学を手に入れたがゆえの人間の傲慢さというものを垣間みることができるのではないでしょうか。

そして、最後に挙げた「コウノトリ」と「双子」の問題は、このような近代科学の思考法そのものが感受性や現実感を排除してきたがゆえに、別の悲しさやむなしさを生み出しているように思えるのです。

リンネが分類するときに、「おしべ」と「めしべ」の一点に注目したように、分類するということは他の考えを押しのける力が必要になってきます。つまり、分類することは序列をつくり出すという危険を併せ持つということに自覚的でなければならないのです。

私たちの考えが科学的かどうかという基準でもって、他の考えを押しのけていくとすれば、レヴィ＝ストロースによる未開人の思考と文明人の思考に優劣の差がないとする警鐘は、いまだ真正面から受け止められていないと思えてなりません。

深めてみよう

1　近代科学による思考として、他に具体的な例として、どのようなことがあるでしょうか。調べてみましょう。

2　2012年9月に、マンモスの死骸が北極に近いロシア極東サハ共和国で見つかりました。保存状態がよく、厳寒でも凍らなかった血液を採取することができたそうです。生物学者でもあるグリゴリエフ館長は朝日新聞の取材に「最大の興味は、なぜ血液が凍らなかったのか。凍らない特別な性質を持っている可能性がある。新鮮な組織も見つかったため、マンモスのクローン研究が前進するかもしれない」と話しています（『朝日新聞』2013年5月31日付）。さて、マンモスがクローンとして甦ることについてどのような問題があると思いますか。また、生物学者の思考に潜む問題を考えてみましょう。

参考文献

大阪市天王寺動物園編『大阪市天王寺動物園70年史』大阪市天王寺動物園、1985年

クロード・レヴィ＝ストロース（大橋保夫訳）『野生の思考』みすず書房、１９７６年（＝１９６２年）

渡辺公三「野生の思考」見田宗介・上野千鶴子・内田隆三・佐藤健二・吉見俊哉・大澤真幸編『社会学文献事典』弘文堂、１９９８年

第11章

権力って見えているの？

——権力論（1）

私が学生の頃のカリキュラムは、現代のようにセメスターと呼ばれる2学期制ではなく、通年が基本でした。なので、後期に行われる定期試験さえなければ、学生にとって大学は天国そのものだったわけです。

ところが、この定期試験においてペーパーテストが実施できず、すべてレポートに変更されたことがあったのです。

象徴的ともいえるのが全学共闘会議（全共闘）と新左翼が東京大学本郷キャンパスにある安田講堂を占拠したのを、大学の依頼を受けた機動隊が封鎖解除を行った1969年1月の東大安田講堂事件です。ただし、大学紛争たけなわであった当時は、私は高校生でした。

ですから、私が大学に入学した1972年時では、キャンパス内で手に角棒を持ち、ヘルメットをかぶりながらアジる（agitate：アジテート［煽動する］の日本語化）活動家などほとんど見かけませんでした。大学キャンパスは平穏をとりもどしていたのです。

ところが、私が3回生になった秋のことでした。

大学側が授業料の値上げを公表したことに端を発して、下火であった活動家が活発な抗議行動へと動きだしたのです。

食堂や部活の部室のある学生会館へとつながる道の一角に、大きな垂れ幕が掲げられ、その前でヘルメットをかぶった活動家がマイクを持って、「授業料値上げによる……云々……」「……

云々……のアメリカ帝国主義に、我々は断固反対！」と叫んでいました。

　当時も、そして今も「授業料値上げ」と「アメリカ帝国主義」がどのような文脈で繋がっていたのか、私には分かりません。ただ、彼らが訴える「アメリカ帝国主義」はともかくとしても、学生たちにとって「授業料の値上げ反対」には共感する思いがあったことは確かです。

　年が明け、定期試験を控えた冬休み後の授業が始まった頃です。まず、法学部自治会がバリケードを築いて法学部の学舎を封鎖したのです。そのため、法学部では定期試験が中止となり、全科目の試験がレポートに変更されました。

　学生側にとって、何が出題されるか分からないテストに向けた勉強ではなく、照準のさだまった課題に対してレポートを提出すれば良いわけですから、非常にありがたい処置だったのです。そのようなことも一般学生に支持されたのでしょう。経済学部、商学部と次々に封鎖されていったのです。ところが、私が所属する社会学部自治会にはそのような動きはまったく見られませんでした。

　他学部の羨ましい状況を知ってしまった私は、試験に向けて掻き集めたノートを前にしながら自分の所属する学部を恨みました。それでいて、大学が全学部レポートという処置をとるのではないかという淡い期待が膨らんでしまい、試験勉強などまったく手につかないまま試験当日を迎えることになったのです。

　大学の正門を抜け、閉鎖された他学部を眺めながら歩いていると、社会学部の学舎が見えてきました。私の淡い期待は砕かれ、扉は開かれていたのです。掲示された座席表に従って席についたものの、上っ面な勉強で筆が動くわけがありません。学生番号と名前で、手は止まってしまいました。

試験会場の教室は、教卓がある前方の両端にドアがあるのですが、正面に向かって右側は通路になっており、右後方部からも出入りできるドアがある構造になっていました。試験開始から10分程経過した頃でしょうか。お手上げ状態であった私は、顔を上げてぼんやり前方右手側の窓の外を眺めていました。すると、なんとその窓越しに5、6個のヘルメットが見えたのです。

「目の前で、すごいことが起きるのではないか⁉」

胸の鼓動は高まり、私の身体を駆け巡りました。ヘルメットが窓の外の廊下を走るのが見えました。私にとってはまさに待ちこがれた救世主だったのです。

ヘルメットをかぶり、白いタオルで顔を覆った学生たちは、「試験粉砕！」と叫びながら後ろのドアから侵入してきたのです。試験を受けていた学生たちは予期せぬ出来事に驚き、後ろにいた女子学生は「キャー！」と悲鳴を上げ前の方になだれ込んできました。

身の危険を感じた試験監督の先生の姿はなく、ヘルメット学生たちはおそらく試験を無効とするためでしょう、受験していた学生たちから、試験用紙を力ずくで奪っていきました。

救世主の登場のおかげで、その科目の試験は無効となりました。しかし、この後の試験はどうなるのか不安を抱きながら、学舎を出て時計台前の中央芝生にさしかかりました。どこから集まって来たのでしょう。多くの学生が芝生に座り込んでいるではありませんか。そして、最前列には時計台を背にしたヘルメット姿の活動家たちが立ち、アジに応じた学生たちの大きな拍手喝采で、キャンパス全体が騒然と蠢《うごめ》いていたのです。私は、目の前に広がる光景に圧倒されると共に、「今、自分は、歴史的な瞬間に立ち会っているのではないか」という興奮が身体を駆け巡ったのです。

シュプレヒコールの回数に比例して、集会に参加した学生たちの高揚感が伝わってきました。その時です。活動家のリーダーでしょうか。集まった学生たちの背後にある大学の正門を指さして叫んだのです。

「機動隊だ！　大学当局は『学問の自由』、そして『大学自治』を踏みにじり、国家権力を要請した！」

正門の前には、警備車両が何台も列をつくり、大きくガッチリした機動隊員たちがジュラルミンの盾をもって立ち並んでいたのです。

国家権力を導入させた大学当局の対応によって、結局この騒動は鎮圧されましたが、定期試験は全学部レポート試験に変更となったのです。

1　支配する大きな権力

私が体験した大学紛争のエピソードにおいては、学生、大学当局、双方ともに、自己の意志を貫き通すために物理的な力（暴力）を使用したわけです。ただし、学生の破壊的な暴力に対して、大学当局の解決に向けた対応は、国が持つ暴力（機動隊）、いわゆる国家権力でした。

では、そもそも権力とは、どのようなものなのでしょうか。

インターネットの weblio 辞書（『大辞林』三省堂）を引いてみますと、「他人を支配し従わせる力。特に国家や政府が国民に対して持っている強制力」と書かれています。まさに、私が体験した大学紛争の鎮圧の様は、この権力を意味するものです。

ところが、社会学者のM・ヴェーバーによれば、権力とは「ある社会関係において、自らの意志を、たとえ抵抗に反してでも貫徹することのできるすべての可能性」（『社会学の根本概念』）であるというのです。

ヴェーバーの権力の定義と、辞書の意味とは同じと思えるかもしれません。しかし、ヴェーバーの定義には、自分の意志を貫徹するがゆえに抵抗する他人に対してとる権力のことを「たとえ」という文言で限定し、かつ「すべての可能性」としているのです。つまり、権力とは、強制だけを指すのではなく、無理やり押さえ込まなくとも貫徹させ得るすべての可能性を考慮すべきであるということが含まれているということです。

よくよく考えてみますと、大学紛争の例のように、暴徒化した学生に対して自己の意志に力ずくでも従わせようとして、国家権力という暴力を使用するケースはまれなことなのです。通常は、強制力でもって相手を従わせなくとも、スムーズに自分の意志を貫徹させているのです。

例えば、教師と生徒の関係で見ますと、生徒が教師の意志や狙いを読み取り行動を起こすといったことは頻繁に見られるのではないでしょうか。このように、生徒が自発的に教師の願う良い子を提示することによって、教師から褒められ、そして高い評価を勝ち得るのです。つまり、教師が持つ価値観に裏付けされた評価に、生徒自らがすり寄り、その支配下に入っていくというものです。

ヴェーバーは、上記のような服従する者が自ら望んで支配されていく、その動機となる正当性に注目しました。そして、服従を引き出す正当性を「伝統的支配」「カリスマ的支配」「合法的支配」といった3類型に分けたのです。

まず「伝統的支配」とは、「親の言うことは聞くものだ」といった遠い昔からの慣習に従い、受け入れていく支配を指します。次に「カリスマ的支配」とは、預言者や英雄、教祖といった特別な資質・能力を持った人の意見を受け入れていく支配です。つまり、超越した人物が持つ威光が、人々を引きつけ、それでもって支配する姿です。三つ目の「合法的支配」とは、大きくは法に基づく支配のことです。私たちは法に照らしながら、自らを律しています。例えば、道路交通法に従って自動車を運転するのも、また白の靴下と規定された学校の校則に従うのも、「合法的支配」に当てはまるのです。

ヴェーバーによって、権力というものは支配する者が保有し、被支配者に向けて作動させていくという直線的な見方だけではなく、支配される側が進んで権力を受け入れていく側面、言い換えますと服従する側の主体性にも目を配る必要があるということが示唆されたのです。

2 見える権力／見えない権力

「一七五七年三月二日、ダミヤンにたいしてつぎの有罪判決が下された。『手に重さ二斤の熱した蠟製松明《たいまつ》をもち、下着一枚の姿で、パリのノートルダム大寺院の正面大扉のまえに死刑囚護送車によって連れてこられ、公衆に謝罪すべし』、つぎに、『上記の護送車にてグレーヴ広場へはこびこまれたのち、そこへ設置される処刑台のうえで、胸、腕、腿、脹らはぎを灼熱したやっとこで懲らしめ、その右手は、国王殺害を犯したさいの短刀を握らせたまま、硫黄の火で、焼かれるべし、ついで、やっとこで懲らしめた箇所へ、溶かした鉛、煮えたぎる油、焼けつく松脂、蠟と硫黄との溶解物を浴びせかけ、さらに、体は四頭の馬に四裂きにさせたうえ、手足と体は焼きつくして、その灰はまき散らすべし』」

（『監獄の誕生』）

〈注〉二斤は1・2キログラム

ミシェル・フーコーによる『監獄の誕生』は、上記のように身の毛もよだつような文面でスタートします。

国王を殺害しようと企てたダミヤンの処刑の作業を事細かく指示したこの資料の後には、実際の処刑現場の状況を事細かく伝える『アムステルダム新報』に掲載された記事が続くのですが、その内容は、本を閉じたくなるほど酷いものです。

ただし、フーコーがこの資料を引きだして伝えようとすることは、過去に行われていたおぞましい身体刑そのものではなく、権力というものが歴史的にどのように変容し、そしてそのことで私たちの振る舞いがどのように変化したのかということなのです。

ダミヤンの処刑は、国家が望む行為に反する者には、死をもって償ってもらうという、王による絶対的な力としての「死を与える権力」を象徴するものだったのです。

このダミヤンの処刑から4分の3世紀経った１８３０年の「『パリ少年感化院のため』の規律」を、フーコーは持ち出してきます。その規則の第17条には、朝5時から在院者の日課の始まりが示されています。９時間の労働時間や2時間の教化などのほか、事細かな生活規則が刻まれているのです。

〈注〉夏期は5時、冬期は6時の起床。

まず第一の太鼓の響きで、起床し着衣すること。第二の太鼓の響きで、寝床から下り寝具を整頓する。そして、第三の合図で「朝の祈り」である礼拝堂に行くための整列を行う。これらの項目すべてが、5分間隔の太鼓の合図でもって実施されるよう規則づけられているのです。

フーコーが感化院の規則を引いたのは、ダミヤンの処刑に象徴される18世紀における処罰が、犯罪者を感化院に収容し、矯正していく姿に変化したことを指摘するためなのです。

フーコーの議論を鉢植えの植物を例にして解釈しますと次のようになります。思い描いた理想の姿に育たなかった形の悪い枝はカットするというのが18世紀の権力です。それが、19世紀半ばになると、形の悪い枝には針金でもって矯正することで理想の形状にしていくという権力へと変化したということです。

そして、次にフーコーは近代の権力の構造に目を向けます。

これまでは、外部から強制的、拘束的に働きかけるという権力の姿でした。つまり、「目に見える権力」だったのです。しかし、近代になってからの権力は、身体の深部に入り込み、人々が主体的に動いていくようになっているというのです。

先の鉢植えの植物の例で言えば、鉢に種を蒔いた植物が思い描いた理想の形状に育つように水や養分を適度に与え、光をコントロールするという権力です。それは教会であり、病院であり、学校という制度であるというのです。

教会は、私たちの心にどのように生きるべきかを教えます。病院もまた、患者は病院の規則に沿い、医者の指示に従って自己の生活を律しなければなりません。

さらに学校となりますと、国民全ての子どもに対して、社会のなかで身につける知識や道徳、さらに生活習慣を教えることになるのです。給食や休み時間が決められ、それに合わせて子どもたちは学校生活を送らなければなりません。さらに言えば、本来、生理現象は自然なものです。にもかかわらず、なんの疑問も抱かずに、チャイムでもって休み時間にことをすませるよう行動することになるのです。

フーコーに依拠すれば、学校は〝鉄条網の見えない監獄〟ということなのです。つまり、権力はもはや「見えない権力」となって、私たちを規律・訓練し、自ら主体的に行動するようにしむける構造になっているというのです。

フーコーは、この近代社会の主体と権力の構造を説明するうえで、イギリスの法学者ベンサムが考案した刑務所の施設「**パノプティコン**（panopticon：一望監視装置）」を援用します。**パノプティコン**とは、中央に高い監視塔を設け、それを取り巻く形で監房が配置され、監視塔からは各監房の内部が見渡せるわけですが、監房のなかにいる者からは監視者が見えないという仕組みになっています。

近代社会における権力とは、この**パノプティコン**と相通じるものであって、権力の監視者の姿は見えないけれど、人々はその存在を内面化して自己管理しているというのです。

〈注〉処罰の変化は完全な移行を意味するのではなく、割合の変化のことです。現代社会においても、感化院だけでなく、見えない場ではありますが処刑も行われています。

3　権力はゲーム？

「『おい、岩本。百円やるさかい、ジュース買《こ》うて来い』

夜間定時制課程・柏木高校に赴任した私が、緊張した面持ちで二年A組の教室に足を踏み入れた瞬間、生徒から投げかけられた言葉がこれであった。

茶髪に、短ランと呼ばれる短い丈の学制服と、裾《すそ》を絞っただぶだぶのズボンに身を包んだ星川康平が、最前列の机にどっかと座り、上目遣いで私の応答を待っていた。星川の斜め後ろには、リーゼントスタイルできめた髪型に、四月にもかかわらず厚めの紫のコートを短ランの制服の上から着こんで机に座る生徒がいた。彼は斜に構えながらニヤッと笑って私の様子をうかがっていた。彼こそが、私の前任者である担任教師を殴った張本人、真木祐也であった」

（『教育をぶっとばせ』）

上記の引用文は、前年に対教師暴力を起こした人物である真木を含む無秩序と化したクラスを私が担任することになった時のものです。

夜間定時制高校に赴任した新参教師である私が、この難局をどのように振る舞い収めるのか、投げかけた二人の生徒だけではなく、クラス中の生徒たちが興味津々と目を輝かせていたのです。

もちろん、いくら民主的な学級経営をめざすとしても教師が主導権を握らなければ、学級は崩壊してしまいます。

さりとて、暴力的な生徒を力ずくで押さえようにも押さえることなど到底できません。「教師対生徒」という対立構造に持ち込むことなく、それでいて彼らをうまく受け止め教師主導で事を収める道などあるのでしょうか。

このような緊急事態にあって、思わず彼らに返した言葉と、その後の展開は以下のものです。

「「悪いなぁ。二百円やったら行くねんけどなぁ。百円では行けへんなぁ」
咄嗟《とっさ》に出た言葉である。その答えに星川はニヤリと笑った。
星川「おっ、やるやんけ」
真木も同じく微笑《ほほえ》んだ。固唾《かたず》を呑んで見ていた周りの生徒も緊張が溶け、教室の空気は和《なご》んだ。私は心の中で胸をなでおろした」
（前掲書）

学校においては、教師が生徒に教える関係であり、学習はもとより、生活態度の評価も含めて、教師が力を持っているわけです。

しかし、柏木高校においては、クラス内での教師と生徒の力関係は微妙であり、ややもすれば逆転し、生徒が支配するかもしれない状況にあったわけです。

ここで、権力について議論する上で、あらたな問題に目を向ける必要があることが示唆されるのです。それは、支配する側の権力を維持するためにしつらえた制度や装置に目を向けていては、常に支配している側とされる側のどちらの側に権力が移動するのか分からない日常生活の権力の問題を見落としてしまうかもしれないという点です。

つまり、権力をめぐるゲームのような側面に着目する必要があるということです。

それは、象徴的には、赤ちゃんと保護者である母親との関係を示すことによって理解できるのではないでしょうか。

赤ちゃんはもとより無防備であり、保護者（母親）に自らのすべてを委ねるしかありません。お腹を空かすと、母親からお乳をもらい、排泄物にしてもその処理は母親に託すしかありません。なので、すべての権力は母親にあると言ってよいでしょう。

ところが、このような場合はどうでしょうか。

赤ちゃんが、深夜に突然泣き出します。母親は、「排便？」とオムツを点検しますが、何も問題はありません。ならば、「お腹が空いたの？」とお乳を与えますが、赤ちゃんは一向に受け付けません。それでは「熱でもあるのか」と、赤ちゃんの頭に手を当ててみるものの、熱もありません。

ところが、赤ちゃんは一向に泣き止まないのです。いえそれどころか、泣き声は時間とともに甲高くなってきます。もちろん、赤ちゃんは声に出してその理由を訴える術などないわけですから、もはや母親として理解することも、打つべき手もないと言うわけです。

となれば、どうすべきなのでしょう。

医者に尋ねるしかありません。ところがかかりつけの医者は深夜の時間に対応してくれるはずもなく、そこで救急車を呼ぶことになります。

このように、まったくもってなんの力も持っていない赤ちゃんに、完全な支配者としての保護者である母親が翻弄され、動かされるわけです。この状況においては、権力は母親にはなく、赤ちゃんの側にあるということです。

そう考えると、教師と生徒においても、常に維持されているように見えながら権力はどちらに転ぶか分からないということです。だからこそ、学校においては、学級崩壊という事象も生じるわけで、そのことはある意味なんら不思議なことでもないということが理解されるのです。

さて、この章では、はじめに体験談としての大学紛争を採り上げて、支配する側の意志を貫徹するための権力について議論をスタートさせました。しかし、一見すると、固定化し揺るぎないものと思われていた権力も、ヴェーバーの指摘によって、行使される側、すなわち支配される側から自発的に受け入れていく側面があることが浮き彫りにされました。

また、この受け入れていく側面に深く切り込んで議論したフーコーによって、私たちを外側から拘束していくような「見える権力」ではなく、学校などの制度によって私たちを規律・訓練させ、自ら主体的に行動するようにしむける近代社会の「見えない権力」が暴きだされたのです。

さらには、支配する側による権力を維持するための制度や装置に目を向けた大きな権力問題だけではなく、日常生活における微細な権力に目を転じてみると、ゲームのように権力がどこに移るか分からないという新たな側面が見えてきたのです。つまり、関係性と文脈の網の目のなかで、常にどこに移動するのか分からないゲームの様式を演じる権力の側面が映し出されたということです。

深めてみよう

1　権力の視点から、支配者と被支配者による弾圧や抵抗といった歴史的な出来事に目を向けて考えてみましょう。

2　学校、病院、家庭など身近な生活の場から、ゲームのように権力が移動した経験を論じてみましょう。

参考文献

市野川容孝「権力論になにができるか」奥村隆編『社会学になにができるか』八千代出版、1997年

岩本茂樹『教育をぶっとばせ——反学校文化の輩たち』文春新書、2009年

マックス・ヴェーバー（清水幾太郎訳）『社会学の根本概念』岩波文庫、1972年（＝1922年）

ミシェル・フーコー（田村俶訳）『監獄の誕生——監視と処罰』新潮社、1977年（＝1975年）

第12章

知識やデータに動かされて

——権力論（2）

1

お夏の恋

江戸時代、井原西鶴によって町人の生活を描いた浮世草子の一つに『好色五人女』があります。

「果ては地獄と知りながら、足を踏み込む恋の道」

（『富岡多恵子の好色五人女』・ネットでの紹介文）

一途な恋に生を燃やした女性たちのひたむきさとたくましさを、私たちに伝えてくれるこの作品には、お夏を主人公とする「お夏の恋」があります。お夏が清十郎に出会い、恋心を抱くまでの展開を、素描してみることにしましょう。

播磨の国（兵庫県）の室津という港町に、和泉清左衛門が営む造り酒屋がありました。この店の息子、清十郎は生まれつきの美男子のうえに、女好きのする雰囲気まで持ち合わせていました。14歳の春にして、色道の世界に足を踏み入れた清十郎は、室津にいた87人の遊女すべてと深い関係を持つのです。しかも、遊女たちは清十郎を単なる客として受け入れることができず、その熱の入れようは半端ではありません。

「清さまへの愛情は永久《とこしえ》」といった内容の起請文の束がうずたかく積まれ、真心の証として切ってよこした爪は手箱からあふれんばかりとなり、黒髪にいたっては太い綱がなえるほどの量にもなるのです。まして、毎日届く恋文やら、遊女たちから送られてくる品々で「浮世蔵」と書いた和泉屋の蔵は一杯になったというのですから、清十郎のもてようはすごいものだったことが分かります。

遊郭遊びに興じるだけでは納まらず、遊女の一人皆川と特に馴染みとなるに至って、ついに息子の好色ぶりにあきれはてた父親は、皆川との関係を断ち切って清十郎を姫路の但馬屋九右衛門の店へあずけることになります。

皆川と添い遂げることができなかった清十郎は、女遊びにも飽きはてて、実直に手代として店の仕事に精を出します。ところが、育ちの良さに加え、ものやさしくて頭が良い清十郎を、女中たちが放っておくわけがありません。

女中だけにとどまらず、この話の主人公である但馬屋主人の九右衛門の妹、お夏が清十郎に恋い焦がれるのです。

お夏登場のくだりは以下のものです。

「十六になるその年まで、男の顔や姿を選《え》り好《ごの》みしていたので、縁談もきまらなかった。ところでこのお夏、田舎では当然として都でも素人《しろうと》の女には見かけぬ器量であった」（前掲書）

このお夏が清十郎に恋心を燃やすことになるきっかけは、清十郎の帯の中から次々と出てきた文だったのです。宛名は「清様」と、どれも同じに書かれているのですが、差出人の名前が花鳥、浮舟……と室津の遊女たちばかりです。その上、どの手紙を読んでみても、遊女の方が清十郎にぞっこんの命がけときます。たんなる商売ゆえの上っ面なお世辞では決してなく、心のこもった筆運びにお夏は驚くとともに、清十郎の男としての値打ちを知るに至るのです。

「ここまで真剣なら、相手が女郎だって不愉快じゃないわね。それに、こんな手紙をもらうのなら、男にとって遊女狂いした甲斐《かい》があったといっていいくらい。きっと外から見ただけではわからない良さが、あのひとにあるんでしょうね。こんなにたくさんの女が夢中になってしまうんだもの」
（前掲書）

さて、ここまでのあらすじから、江戸時代における庶民が浮世の世界において、どのようなものに価値を置いていたかをうかがい知ることができます。

当時の恋する者たちの愛の交換が、恋文であったことは理解できても、真心の証として送る品が爪や髪の毛であったことに興味が注がれます。さらに、愛の営みという形だけを売り買いする遊女たちは、客に心を通わせないのが本来の職業意識と理解しているのですが、遊女たちがその

表１　平均初婚年齢の年次推移

	夫	妻
平成５年	28.4 歳	26.1 歳
10	28.6	26.7
15	29.4	27.6
20	30.2	28.5
21	30.4	28.6
22	30.5	28.8
23	30.7	29.0

注：各届出年に結婚生活に入ったもの。
出典：平成23年人口動態統計月報年計（概数）の概況（厚生労働省）
http://www.mhlw.go.jp/toukei/saikin/hw/jinkou/geppo/nengai11/kekka04.html

職業意識をかなぐり捨て、全身全霊をかけて清十郎に恋をすることも奇異に感じられます。まして、それがゆえに、清十郎を魅力ある男性と見なすお夏の心の動きも興味深いものがあります。

それ以上に、私が最も驚いたのは、お夏と清十郎の年齢です。

清十郎は14歳にして色の道に入り、それも室津の遊女87人と深い仲になったというではありませんか。当時は数え年でしょうから、14歳と言えば満13歳ということで、中学1年生ということになります。さらに言えば、中学1年の13歳にして皆川と所帯を持とうとまで思ったことになります。自己を振り返って考えてみても、この年齢で女性とともに家庭を築こうなどという気構えなど、私にはまったくもって考えられないのです。

さらにお夏はというと、「その年まで男の顔や姿を選り好みしていたので、縁談もきまらなかった」と紹介されています。しかし、彼女の年齢は16歳で、現代に置き換えますと、満15歳の中学3年生ということになります。中学3年生にして、婚期が遅れていると表現されているわけですから、現代ではまったく考えられません。

ちなみに厚生労働省の「平均初婚年齢の年次推移」（表1）を見ますと、平成23年での女性の初婚年齢は29歳です。もちろん、現代は晩婚が問題になっていることなどで、単純な比較はできないでしょうが、江戸時代との年齢差はあまりにも「開きすぎ」ということです。

2　性の体験と年齢

2000年8月17日付『朝日新聞』には、「高校生4人に1人が性体験」と題した記事があります。

「大学生の半数以上、高校生でも四人に一人が性体験がある――性教育の啓発活動などをしている日本性教育協会の調査でこんな結果がでた。同協会は一九七四年以来ほぼ六年おきに調査しているが、高校生と大学生の体験率は一貫して上昇傾向にあり、性行動の早期化を裏打ちした形だ。（中略）性交渉は、男子大学生の六三％が経験。女子学生は今回調査で初めて五〇％を上回った。高校生では男子が二七％、女子は二四％。男子高校生は前回（九三年）に比べ、一〇ポイント以上増えた。キス経験などでも早期化がみられ、中学生では男女とも初めて一〇％を上回った」

日本性教育協会の調査結果から「性行動の早期化」が大きな問題であるとするこの記事を、清十郎が読めばどう思うのでしょうか。

「なんと、日本の若者は〝奥手〟になったのか？」と大いに疑問を呈するでしょう。

また、2002年8月15日付『朝日新聞』では、「エッチ急ぐオトメ心は？」が掲載されています。

「45・6％。この数値、性交を「経験済み」と答えた東京都内の高校3年生の女子の割合だ。教師でつくる性教育研究会が1月に生徒の性行動を調査した。その結果、高3男子は37・3％で3年前の前回とほぼ同じなのに、女子だけが6・6ポイントの急上昇。エッチを早めているものは何なのだろう」

さらに2006年11月12日付においても「性交経験率　女子伸びる」（『朝日新聞』）の記事が掲載されています。日本性教育協会による6年前の前回調査と比較すると、今回調査においては、大学生の性交渉の経験率は横ばいであったものの、「女子の上昇傾向は続き、99年から05年にかけても10ポイント以上伸びた」というのです。

この内容は、女子の性交渉の経験率が男子と変わらなくなったことを問題にしているのです。２０００～２００６年の記事内容の変化は、若者の性交渉の早期化を問題としながらも、焦点は女子の上昇率問題にシフトしていることが分かります。

記事内容の変化も興味深いですが、それ以上にはっきりと言えることは、若者の性現象に対して、大人たちがこんなにも関心をもって調査し、コメントしているということです。

そして、時代ごとに、調査結果とその時代が背負う問題とをリンクさせながら、性的な現象をコントロールしようとする姿が見え隠れするのです。

例えば、２０００年8月17日付「高校生４人に１人が性体験」の記事では、問題とする「性行動の早期化」を促す要因として、携帯電話・ＰＨＳを持っている者、個室や自分専用のテレビなどを持っている者の経験率が高かったことを示し、次のような日本性教育協会のコメントが載せられています。

「情報機器を持っていて交際範囲が広かったり、家族の監視が弱く自由になる空間を持っていたりするほど、性行動も活発化する」

大人たちにとって「性行動の早期化」というマイナス評価の問題を、同じようにマイナス評価としての「若者たちが持つ〝携帯電話〟や〝ＰＨＳ〟」に落とし込んで論じていたのです。

次に、性に関するデータと、そのデータに接した個人の関係に着目してみることにしましょう。

3　円グラフが襲いかかる

私の誕生日は4月なので、同級生のなかでいち早く年をとってしまいます。ということで、一浪した私は大学に入学するやいなや、煙草も吸えるしお酒も飲める20歳になっていました。その大学生活がスタートする1972年の3月の末に、私は衝撃の円グラフと出会ったのです。

大学合格を手にいれた春休みのことでした。新聞の夕刊を手に取り、なにげなく開いたページに掲載されていたグラフが私の目を釘付けにしたのです。

それは、「20歳のキス経験」の割合を示したものでした。

20歳までにキスを経験している男性は右半分を覆い尽くし、なお未経験者として位置づけられた左半分の領域を侵していたのです。つまり、20歳までにキス経験している男性は50％を超えていたのです。私は、愕然としました。

記事は、50％を超える男性の経験者に加えて、経験者は複数の女性と経験しているというのです。私はというと、キスの経験どころか、フォークダンス以外、異性と手をつないだこともなかったのです。

「経験／未経験」という分類が示す円グラフは、私を狭い領域に位置づけられた少数派として位置づけたのです。

「お前は、みんなから後れている！」

このグラフは、刃物となって私に襲いかかりました。そして、私を駆り立てたのです。

「早く、キスをしなければならない」

本来、キスという経験は異性との情愛を育むなかで、互いに自然と沸き上がる行為というものでしょう。ところが、初キスの経験を20歳という年齢で分類された若者の動向を示す単なるデータに触れた私を突き動かしたのは、行為を促すものであって、肝心要のベースとなる情愛が消えていたのです。

つまり、恋よりもなによりも「キス」の経験をしなければならないという意思が前面に押し出されたわけです。

そもそも、データは私を「キス」に駆り立たせようなどといった意図などなかったわけです。単に、20歳の若者の「キス経験」というものを数値で表したものに過ぎません。

ところが私には、同時代の若者のキス経験を示すデータは、「後れをとったこと」を意味するものとして解釈するように迫り、そして現実に向けた行動へと煽動するものであったのです。つまり、データが力（権力）となって、私に「キスしなければならない」という主体的な意思を創りだしたということです。

雑誌のグラフから、同じように動かされた女子学生さんのコメントがあります。

「恋愛に関するグラフを中学生や高校生の時に興味津々で見ていました。

その中でも印象に残っているものは「先生に恋したことがある女子は20％」というデータです。

当時、私は先生に恋していたので、意外に多くてほっとしました。

でも、友達の中で先生が好きだった人など、一人も聞いたことがないので、あのデータは女子を〝ませさせる〟雑誌社の策略だったのか。

それともみんな言ってないだけで、本当は先生のことを好きになったことがあるのか。今でも気になります」

データに対する彼女が抱く不信感については後ほど議論するとして、とりあえず彼女の場合は、先生に恋する自己を咎める気持ちがあったのにもかかわらず、データによって安堵したというわけです。

言えることは、単なるデータが、個人を煽動したり、安堵させたりと権力となって個人を主体的に動かすということです。ただし、ここでの権力とは、外部からの権力によって渋々個人が主体に従ったのではなく、私自らがその権力に自己を投げ入れるように、自ら進んで主体的に求めたということです。

4 知識が権力となる

ヴィクトリア朝の時代に象徴されるように、近代における性は「抑圧」や「禁止」の歴史観でこれまで捉えられてきました。

しかし、フーコーはそのような面を認めつつも、疑いをかけるのです。そして、性への抑圧より、はるかに大規模なかたちで、積極的にその方向へと人々が動いていくよう要請されていたことを指摘したのです。

彼は、性をめぐる言説（性にまつわる語りや記述など）に着目し、性というものが科学的な知識でもって、教育され、煽動されていったというのです。

「監視の装置を設定し、あくまでも告白させるような罠をしつらえ、際限のない矯正的言説を課した。親たちや教育者に警告を発し、少年はすべて罪があるという疑惑を、そして少年たちを充分に疑ってかからないならば親や教育者のほうが罪ある身となるだろうという不安を、至るところに撒き散らした。この常に再発する危険を前に常に用心を怠るなと命じ、大人の行動を規定し、その教育のコードを再編成した。家族の空間に、医学的・性的な一大体制の拠点を根づかせたのである。少年の「悪習」は、敵というよりは支えである」

（『性の歴史Ⅰ　知への意志』）


そこで、フーコーの議論に依拠し、性なる現象について、考えてみることにしましょう。

少年たちに性の秘密を語らせることは、密かな快楽を足場とするものであって、この秘めたる性が発見されるために、まずは隠れることを強制していたというわけです。そして、性の統制にかかわる医師と教師たちは、少年たちに性的欲望や行為を語らせ、その告白を支えにして、医学的、教育的な言説をつくり出したのだというのです。

さらに、このように少年を監視し、矯正していくことは、外見上は堰き止めるための装置のように見えるけれど、一方で密かな快楽への侵入を促すことにもなったとフーコーは述べるのです。

そもそも、性なる現象のデータはどのように収集されるのでしょうか。

学生さんが、身の回りでは聞いたことがなかった「先生への恋」をデータの数値で知って自分が特別ではなかったとほっとしながらも、そのデータはどこから、どのようにして集められたものなのか、あるいは捏造による雑誌社の陰謀なのかと疑問を呈しています。

また、キスの経験にしても、データ収集者は観察して得たものではないわけでしょうから、これらのデータはすべて若者たちの告白に委ねられたものでしかないのです。そして、告白に委ねられたデータを調査に携わった教育者や学者が分析し、そこから科学的な装いをした言説を生み出していくわけです。

加えて、このデータと分析による言説が、いかに「20歳でのキス経験」という結果のみを提示するだけにせよ、また「性行動の早期化」を問題にしようとして監視を強める言説になろうとも、それを目にした当事者たちは逆に欲望を掻き立てられてしまうということです。

つまり、フーコーが述べるように、性をコントロールしようとする力のなかで、逆に性的欲望が増殖されていくということなのです。

5 知の権力

フーコーは、権力の問題を、「性」から「生」へと発展させて論じていきます。それは、自己の「身体」に関心を抱き、また配慮していくよう人々を引き出していこうとする権力、すなわち「生に対する権力」のことです。

2014年8月19日付『朝日新聞』の第一面「ザ・テクノロジー　第3部　バイオ編　上」には、次のような特集記事が掲載されていました。

「自分の遺伝子を調べ、将来がんになりそうだと分かったら、健康なうちに乳房を切除する――。

米女優のアンジェリーナ・ジョリーの決断で注目を集めた予防切除。米国では、そんな決断をする女性が少なくない」

遺伝性の癌という医学的な言説が、自己の親族の癌の発生に目を配るようになり、そして医学はさらに精密な遺伝子検査の発展に力を注ぐことになります。

記事では、癌になる恐怖から、人々は高額の検査を受けるようになり、「陽性」結果が出ると、健康にもかかわらず予防のために乳房を切除するというのです。

アメリカでの遺伝子検査の広がりを報じる記事の隣に掲載されていたのが、「採血1回　がん13種わかる」でした。

内容は、日本の国立がんセンターなどが、身体への負担が少ない、それも1回の採血で、日本人に多い胃がんや大腸がん、肺がん、肝臓がん、乳がんなどの13種類のがん、そして認知症を見つける検査技術を２０１８年度までに開発するというのです。そして、開発後は、健康診断などにも活用することをめざすと書かれていました。

メディアで「健康に良い食品」が紹介されると、私たちはその食品を求めます。これまでにも、科学的なるデータをもとにコメントする医療関係者や健康評論家によって、健康食品として主役を演じてきた「バナナ」「トマト」「ザクロ」など、その例を挙げれば、枚挙に遑がありません。

さらに、私が早朝、犬の散歩をしますと、ジョギングや歩行をしているシニアの方々に出くわします。それは、自己の健康に配慮し、病院に頼らず元気で生き生きと生きられるよう励む姿に他なりません。

批判を覚悟で述べますと、「元気に生き、そしてポックリとこの世を去る」ことを望んでいるとも言えるのではないでしょうか。

もちろん、国（行政）にしてみれば、医療費の負担のかからない人間が作られていくことは喜ぶべきことに違いありません。

では、病院はどうでしょう。一見、病人の数が減少して経済的な利益につながらないように見えるかもしれませんが、人間ドックや遺伝子検査にみられるように検査費用によって利益を生み出すことになります。

また、女優のアンジェリーナ・ジョリーのように乳がんの確率が高いという遺伝子検査から、先に手術をしてリスクを除去する人も生まれるわけで、利益につながります。

しかし、そもそも、私たちは本来、常に自分の健康を監視し、気遣わなければならないのでしょうか。それとも、メディアや医学が私たちを健康に配慮するよう煽動しているのでしょうか。

性現象も、調査やカウンセリングという装置の告白という形を通じて、私たちは自らを提示し、科学的な知を導き出すことに貢献します。また、生に関しても、告白と同じように、検査という装置に自らの身体を差し出し、そして解剖、分析する、医学という科学的な知に委ねるわけです。

それは、キリスト教での自ら語る告解に似た様式で、告白という装置を通して自らを提示し、科学という知を紡ぎ出していくのです。そして、人々がその知を取り込み、深く身体に刻み込んで主体的に動いていきます。このように知によって動かされていく現代の姿を、フーコーは「**知の権力**」として論じました。

つまり、性言説、生言説ともに、科学的な「知」と結びついた**知の権力**によって、私たち自らが進んで自分の身体に配慮するようになり、主体的に行動していくようになっているというのです。

こうして、極めて高度な資本主義経済的観念に沿った**知の権力**は、一段と先鋭化し、私たちの生活のなかに網の目のように浸透し、そして私たちを攻囲しているのです。

深めてみよう

1　これまでに科学的な言説やデータに動かされた例がないか考えてみましょう。

2　安楽死の問題について調べてみましょう。そして、安楽死がどのような権力に動かされているのか考えてみましょう。

参考文献

麻生磯次・富士昭雄『決定版 対訳西鶴全集3 好色五人女・好色一代女』明治書院、1974年（井原西鶴『好色五人女』1686年）

富岡多恵子『わたしの古典16 富岡多恵子の好色五人女』集英社、1986年

ミシェル・フーコー（渡辺守章訳）『性の歴史Ⅰ 知への意志』新潮社、1986年（＝1976年）

ミシェル・フーコー（田村俶訳）『性の歴史Ⅱ 快楽の活用』新潮社、1986年（＝1984年）

ミシェル・フーコー（田村俶訳）『性の歴史Ⅲ 自己への配慮』新潮社、1987年（＝1984年）

ミシェル・フーコー＋渡辺守章『哲学の舞台』朝日出版社、1977年

おわりに

「講義は例によって詰《つま》らない」

これは、夏目漱石による『三四郎』のなかで、主人公三四郎がつぶやいたものです。漱石は、よほど大学の授業に批判的であったようです。三四郎が図書館から借りた哲学者ヘーゲルの本の見返しに、鉛筆で乱暴に書かれた落書きがあって、それを読んだ三四郎が強く啓発される箇所があります。そこには、漱石自身の大学講義に対する思いが込められているのです。この落書きの内容を要約しますと、以下のようになります。

ヘーゲルは、大学で学生たちに哲学を教えるが、それは単に哲学の知識を売っているのではない。また、ヘーゲルの講義を聞こうとしてベルリン大学にやってきた学生たちは、単なるヘーゲルの知識を得るためにわざわざベルリン大学にやってきたのではなく、真理を求めた人としてのヘーゲルと、そのヘーゲルが練り上げた知を求めてやってきたのだ。

つまり、ヘーゲルは講義のための講義をしたのではなかった。それにもかかわらず、日本の大学においては人としての心が押しやられ、深みのない単に薄っぺらい知識のやりとりが行われ、学生はその知識をただコピーするに過ぎない。

そして、その知識をもって、学生は職の糧とするだけではないかと嘆きます。さらに、このような状況ではすばらしい社会を築けるわけもなく、また生き生きとした人生を歩むことなどできるわけはないと強く批判するのです。

漱石の指摘は明治時代のものですが、私の大学時代も変わりませんでした。漱石と同じように私も感じていたのです。大学の教室で語られる講義は平板で抽象度が高く、出来の悪い私にはとうてい理解できませんでした。しかし、そのような大学という場に居合わせているということで、自分が賢くなった世界に居るという、その感覚にのみ酔いしれていたように思うのです。

漱石には、人間味が滲み出た「知」であってこそ、学び手に「知」への興味を立ち上がらせ、そして学ぶ意欲へとつなげることができるのだという思いが強くあったのではないでしょうか。『こころ』でも、その思いが描かれているのです。

主人公が先生から思想上の問題について多大な利益を受けた事実を伝えつつも、なお先生に、考えや意見を生み出した先生自身の過去について語ってほしいとせがむのです。

その求めに、先生は「私の思想とか意見とかいうものと、私の過去とを、ごちゃごちゃに考えているんじゃありませんか」と述べ、知を語ることと自分の過去を物語ることとは「別問題になります」と答えます。

しかし、先生のその答えに、主人公は反論します。

「別問題とは思われません。先生の過去が生み出した思想だから、私は重きを置くのです。二つのものを切り離したら、私には殆ど価値のないものになります。私は魂の吹き込まれていない人形を与えられただけで、満足は出来ないのです」

(『こころ』)

三四郎に応えるべく、また『こころ』の主人公の求めに応じて、これまで私の前に立ちあらわれた現実、そこで悩み苦しんだ若かりし日の体験を、恥ずかしさを堪え披露させていただきつつ、「社会学」の知の世界を伝えさせていただきました。

私が社会学の扉を開けた時に感じた知に触れた喜び、そして目の前に広がる霞みのかかった世界が澄み切っていく爽快感を、みなさんに共有していただくことができることを願っています。そして、本書が、読者のみなさんにとって、少しでも豊かな生を営む一助となれば私にはこの上もない喜びです。

最後になりましたが、この書を世に送り出していただいた中央公論新社編集部の黒田剛史さんにお礼を述べさせていただきます。

黒田さんとともにお仕事をするのは、前著に引き続き2回目となります。いつも、私に温かい助言を与えてくださり、その都度私を元気づけていただきました。本書は黒田さんと共に紡がせていただいたもので、その一体感がなによりも代えがたい喜びでした。心より感謝いたします。
そして、私の授業を聴いてくださっている神戸学院大学、神戸女学院大学、関西学院大学の学生のみなさん、ありがとうございました。みなさんの貴重な意見は、私を知の拡張へと導いてくれました。

岩本茂樹

２０１５年3月

岩本茂樹（いわもと・しげき）

神戸学院大学現代社会学部教授。1952年兵庫県生まれ。関西学院大学卒業、同大学院社会学研究科博士課程修了。博士（社会学）。30年間にわたり小学校、中学校、高校の教師を勤めた。関西学院大学社会学部任期制准教授を経て2014年から現職。定時制高校で教鞭を執った経験をもとに、『教育をぶっとばせ――反学校文化の輩たち』（文春新書）を著し、反響を呼ぶ。他の著書に『先生のホンネ』（光文社新書）、『憧れのブロンディ――戦後日本のアメリカニゼーション』（新曜社）など。

自分《じぶん》を知《し》るための社会学入門《しゃかいがくにゅうもん》

2015年4月10日　初版発行
2019年4月5日　6版発行

著　者　岩《いわ》 本《もと》 茂《しげ》 樹《き》
発行者　松 田 陽 三
発行所　中央公論新社

〒100-8152　東京都千代田区大手町1-7-1
電話　販売 03-5299-1730　編集 03-5299-1740
URL　http://www.chuko.co.jp/

ＤＴＰ　今井明子
印　刷　三晃印刷
製　本　小泉製本

Published by CHUOKORON-SHINSHA, INC.
Printed in Japan　ISBN978-4-12-004642-1　C0036

定価はカバーに表示してあります。
落丁本・乱丁本はお手数ですが小社販売部宛にお送りください。
送料小社負担にてお取り替えいたします。